検証　政治とカネ

脇博之
Hiroshi Kamiwaki

岩波新書
2021

プロローグ

私は、一九九四年に北九州大学(現在の北九州市立大学)法学部の教員になり、二〇〇四年には神戸学院大学に移籍しました。当初はいわゆる法科大学院(大学院実務法学研究科)に所属し、二〇一五年からは法学部に所属しています。研究の専門は憲法学です。研究室にこもって論文を書いているだけではなく、研究室から飛び出して憲法運動や市民運動にも参加してきました。報道機関の取材を受け、憲法問題についてコメントすることもあります。

また、二〇〇二年には、市民団体「政治資金オンブズマン」の結成に参加し、共同代表の一人になりました(二〇二四年現在は代表)。「政治とカネ」をめぐる事件で一〇〇を超える刑事告発を行って記者会見を開いてきました。また、「政治とカネ」問題について報道機関の取材を受けコメントもしてきました。

報道で私のコメントが紹介される数は、「政治とカネ」をめぐる問題・事件に関するものが圧倒的に多いです。しかし、私が市民団体から講演を依頼されるテーマは、ほとんど憲法情勢、改憲問題です。「政治とカネ」をめぐる講演は皆無に近く、依頼があってもせいぜい一年に一件か二件あるかどうかという状態が長年続いてきました。

ところが、二〇二四年になり、この状態が逆転しました。講演依頼のテーマは「政治とカネ」ばかりです。講演数も激増しましたし、参加者も増えているそうです。原因は、自由民主党（自民党）の派閥による「政治資金パーティー裏金事件」の発覚です。

その発端となったのは、二〇二二年一一月の「しんぶん赤旗日曜版」によるスクープ報道です。そこでコメントを求められた私は、その後、自ら調査のうえ各派閥の政治団体ごとに、会長、代表者、会計責任者らを政治資金規正法違反で告発してきました。事件は、二〇万円を超える政治資金パーティー収入の明細を政治資金収支報告書に記載していなかったというものであり、その時点ではまだ事件の内実が裏金事件であるとは断定できませんでしたし、報道機関の注目度は高くありませんでした。それが二〇二三年一二月の「朝日新聞」の「裏金」スクープ報道以降、裏金事件としての性格が明確になり、東京地方検察庁（東京地検）特捜部が裏金事件で家宅捜索や逮捕に乗り出したため、私に対する注目も一気に高まったのです。

月刊誌『世界』でも、二〇二四年二月号には「安倍派パーティー券事件の深層」という論考が掲載されました。私が『世界』に寄稿したのは、一八年半前の二〇〇五年一一月号掲載の

「選挙制度 これはほんとうに「民意」なのか――小選挙区制がもたらした自民圧勝」以来です。これがきっかけになり、本書が生まれました。

それほどこのたびの裏金事件の発覚は重大ニュースとなりました。それにしても、なぜ、自民党の派閥の政治団体は、裏金をつくったのでしょうか？

この疑問に対する答えとして、私の見立てを本書で詳しく述べますが、ここでは箇条書き式に簡潔に挙げてみましょう。

①どの企業が政治資金パーティー券を購入したのか、また、その購入額は幾らなのか、誰も確認できないので、裏金が簡単につくれるから。

②自民党の本部や支部は合法的に使途不明金＝裏金をつくれるし、内閣官房長官は内閣官房報償費という公金の使途を公表しないので、派閥の政治団体も同じように裏金が欲しかったから。

③自民党総裁選挙では、買収や選挙区内にある者への寄付を禁止している公職選挙法の適用がないので、裏金で買収したかったから。

④福祉国家政策を否定した構造改革＝新自由主義政策の強行により自民党員数が激減したにもかかわらず、それでも衆参国政選挙では勝利したい。そのための裏金が欲しかったから。

これらのことを理解するためには、たんに「裏金」だけに目を向けるのではなく、「政治とカネ」をめぐる状況への広い視点が必要です。そこで本書では、「政治とカネ」問題に関する代表的法律である政治資金規正法について解説し、自民党の政治資金がバブル状態であるという実態についても明らかにしていきます。

目次をご覧ください。

第1章において、政治家の収入源から説明します。「政党」に所属する政治家が無所属の政治家と比べて事実上の特権を有している実態を明らかにします。

第2章では、「政治とカネ」について定めた法律である政治資金規正法について基本中の基本から説明します。

さらに第3章では、「ザル法」とも批判される問題点や欠陥についても詳しく紹介します。「政党」「政治資金団体」「資金管理団体」「国会議員関係政治団体」「その他の政治団体」の違いも「そうなのか」と、ご理解いただけることでしょう。また、このたび発覚した派閥の裏金は政治資金収支報告書に記載されていなかった違法な裏金ですが、合法な裏金＝使途不明金が蔓延・横行していることも指摘します。

第4章では、「政治とカネ」の実態を大きく左右することになった一九九四年「政治改革」の内実について、日本国憲法と議会制民主主義の視点で評価しながら解説します。

そして第5章では、近年の複数の「政治とカネ」事件の刑事告発を紹介し、市民の手で「政治とカネ」問題を究明することの大切さと、究明手法についてもアドバイスします。

終章では、裏金づくりの本質的原因を踏まえて、主権者である国民のために各政党・議員が行うべき抜本的な政治改革案も提言します。私は、これまで様々な「政治とカネ」事件について刑事告発を続けてきましたし今も続けていますが、私の告発の背景にある議会制民主主義論についても論述します。

エピローグでは、本書の出版のきっかけになった自民党の派閥の政治資金パーティーに係る事件の刑事告発を紹介します。私の告発は終わっていないのです。

本書を読み終えたときには、もう皆さんは「政治とカネ」問題の専門家です。各政党、特に自民党の政治資金規正法改正案に対し厳しい意見を言いたくなるに違いありませんし、実際の政治資金収支報告書の記載内容もチェックしたくなることでしょう。

「日本における法律・制度が議会制民主主義に反している」という私の理論的見解と、「だからこそ刑事告発している」という私の執念のような思いを共有してくださる方もあるのではないか、と期待しています。

目　次

第1章

政治家の収入源はどうなっているのか

「政治とカネ」の問題には、収入の問題と支出の問題があります。まず、国会議員、地方議員、地方自治体の首長ら政治家にはどんな収入源があるのかというところから見ていきたいと思います。ここでは、主に国会議員の収入源を中心に説明します。

政治家個人の収入

①歳費

国会議員には、会社員で言うところの給料にあたる「歳費」が支払われています。これについては、日本国憲法(以下、憲法)第四九条にも「両議院の議員は、法律の定めるところにより、国庫から相当額の歳費を受ける」と明記されています。

歳費の額は月一二九万四〇〇〇円。これに、約三〇〇万円の期末手当が年に二回つきますから、トータルの年収は二〇〇〇万円以上になります。

国会議員は主権者である国民のために国会活動に専念してもらわなければなりません。資産のある人だけが国会議員になることがないように、貧しい人が国会議員になった場合でも暮らしていけるように生活を保証しようという考え方に基づいています。

ただし、自民党と公明党の連立政権は、国民の福祉を充実させる政策を否定して、国民に弱肉強食、自己責任の政策を強いてきました。また、低賃金で働かされている非正規労働者を大勢生み出してきましたので、国会議員の二〇〇〇万円以上の歳費額は随分と大盤振る舞いに感じられることでしょう。

②副業

歳費とは別に、国会議員にはプライベートの収入があるケースも考えられます。

国会議員が大臣に就任する場合を除いて、国や地方公共団体の公務員と兼業をすることは国会法で禁じられていますが、兼業についてそれ以外の規定はないに等しいのです。とはいえ、国会の本会議や委員会には原則として出席しなければいけませんから、フルタイムで兼業しているという例はさすがに考えにくいですが、名目だけ貸すような形で企業の役員になり、報酬をもらっているケースがあります。

こうした場合、企業からしたら、その政治家に何らかの有利な取り計らいを期待していることも考えられます。こうした点も含め、議員が不正な蓄財をしていないかを国民が監視するために一九九二年に成立したのが、「政治倫理の確立のための国会議員の資産等の公開等に関する法律（国会議員資産公開法）」です。

この法律では、衆議院と参議院の各国会議員は任期が始まった時点での議員本人の資産を一〇〇日以内に議長に報告し、以後、毎年増加分を「資産等報告書」として提出することになっています。報告するのは所有している土地や建物などの不動産、預貯金や有価証券、貸付金や借金の額などです。また、「所得等報告書」では前年の所得を、「関連会社等報告書」では毎年四月一日時点で役員などとして報酬を得ている企業を報告することになっています。

ただ、資産公開法には罰則規定がないため、虚偽の報告が発覚しても訂正すれば済んでしまいます。さらに、これらの報告書はインターネット上で公開されていませんので、衆議院議員の報告書は、東京・永田町の衆議院第一議員会館地下一階の資産等報告書等閲覧室、参議院議員の報告書は、参議院議員会館地下二階の資産等報告書等閲覧室を、それぞれ直接訪問しないと閲覧することができません。東京以外に住む人が情報にアクセスするには多大なお金と労力がかかってしまいますから、事実上、マスコミ以外には「公開している」とは言えない状況になっています。

公費の支給

以上の収入は政治家個人のプライベートな生活費に使うことができる「お金」です。したがって、政治資金ではありません。もちろん、それを政治活動に投入することは各議員の自己判断ですので政治資金にもなりえますが、必ず政治資金になる、と見なしていいわけではありません。

以上とは別に、政治家には次のような「お金」が公費から支給されています。注意いただきたいのは、政治活動に使ってはならないものと、政治活動に使ってもよいものとがあることです。また、支給または交付を受けるのが議員個人ではないものもあることです。

①衆参各院の「会派」に支給される立法事務費

憲法第四一条は、国会を「国の唯一の立法機関」であると定めています。国会は主権者である国民の代表機関、いわゆる立法府ですから、国民生活を左右する法律を制定または改正するただ一つの国家機関とされているのです。そのため、立法のために必要な費用については税金で賄うことになっています。これが、立法事務費です。
「国会における各会派に対する立法事務費の交付に関する法律」によると、現在、衆院、参院の各会派に対して、議員一人あたり月六五万円が支払われています。年間にすると、議員一人当たり七八〇万円になります。この立法事務費を受け取ることができるのは、議員個人ではなく衆参の各会派です。ただし、一人会派が認められているので、無所属の議員にも交付されます。

前出の歳費が議員の生活費などプライベートな用途に使っても構わないのに対し、立法事務費の場合、法案を作成したり、国会質問をしたりするための調査研究など、あくまで立法府の議員としての公的な活動に必要とされる経費に使途が限定されます。政党や政治団体の事務所費用など、私的な政治活動のための費用に使うことも許されませんし、選挙活動に使うこともできません。

この立法事務費は法律で特に収支報告制度が定められてはいませんが、「政党」の政治資金収支報告書で「収入」として報告している政党が多いのが現状です。

②衆参の国会議員に支給される調査研究広報滞在費（旧文書通信交通滞在費）

国会議員の「第二の財布」と皮肉交じりに言われることがあるのが調査研究広報滞在費です。従来は文書通信交通滞在費と呼ばれていましたが、法律改正され二〇二二年から現在の名称になりました。「文通費」などと略してメディアで批判されることも多かったので、かつての名称のほうが馴染みのある人が多いかもしれません。

調査研究広報滞在費については、国会法や、「国会議員の歳費、旅費及び手当等に関する法律」で定められています。その名の通り、調査研究や交通費や書類の発送のための費用など、国会議員が国会で活動するうえで必要な諸経費を税金で賄うもので、月一〇〇万円が全議員に支給されています。年間にすると一二〇〇万円にもなります。国会議員が国民の代表者として公務を行えば、その際に当然経費がかかりますので、その必要経費を公費で負担しているのです。

調査研究広報滞在費も前出の立法事務費と同じく、使途は公的な活動に限られています。私的な政治活動はもちろん、自宅の家賃などの生活費やプライベートの飲み食いなどに使うことは論外です。しかし、名称が文書通信交通滞在費から調査研究広報滞在費に変更され、その使用目的を示す条文にあった「公の」の文言が削除され、「国民との交流」という文言が盛り込まれたため、事実上政治活動に使われているのではないかと懸念されます。そのうえ、これらの収支について独自に報告する制度がなく、国民からすると、適切な用途に使われたかどうか確かめようがないという大きな問題があります。前出の法律改正では、厳格な使途基準の設定と使途報告の制度化が先送りされてしまいました。

③地方議会の会派・議員への「政務調査費」「政務活動費」

都道府県議会や市区町村議会の地方議員の場合は、旧文書通信交通滞在費や立法事務費と同じような位置づけのお金として、「政務活動費」(旧「政務調査費」)と呼ばれるお金が議員または会派に対して支払われています。地方自治法と各地方自治体の定める政務活動費条例で定められているもので、金額や使途基準にはバラつきがありますが、各議員または各会派が使途報告書を作成するようになっており、先進的な議会では、会計帳簿や領収書をインターネット公開し、市民が監視しやすいようにしているところもあります。

④公設秘書の人件費

国会議員には議員一人につき、公設秘書二人、政策担当秘書一人、計三人まで公費で秘書を雇うことが認められています。その身分は国家公務員になるので、給料は税金から支払われます。金額は勤続年数や年齢によっても異なりますが、たとえば、政策担当秘書の場合で月額四三万〜六四万円が支払われ、それに期末手当（ボーナス）、住宅手当などの諸手当が上乗せされます。

⑤選挙運動費用の公費負担（選挙公営）

憲法は国民主権主義の立場に立ち、普通選挙を採用しています。主権者である国民の意思を代表する国会議員は普通選挙によって選出されます。その選挙には当然、費用がかかります。投票所の受付スタッフの日当や、投票用紙、投票箱の作成にかかる経費など、公正な選挙が行われるために必要な経費は、国民全体で負担する必要があるので、国民の支払った税金である公費によって賄われています。各候補者の選挙に係る費用についても、税金を支出することが公職選挙法で規定されています。

以上のような仕組みを選挙公営制度と言います。「お金のかからない選挙」を実現し、かつ、資金力の差によって候補者間で不公平を生じさせないことを目的としています。

憲法は、被選挙権、つまり立候補の自由を保障しています。国政選挙に立候補したいと思っている国民の中には、それほどお金にゆとりのない人、貧しい人だっています。自分の集めたお金だけで選挙運動を行うことにしたのでは、貧しい人は事実上立候補できなくなってしまいます。これでは、立候補の自由が憲法で保障されているといっても「絵に描いた餅」でしょう。

そこで、そういう人でも実際に立候補できるようにするためには、財政の支援が必要になります。それが〝選挙の公営〟なのです（**表1**）。

具体的には、ポスターやビラの作成、政見放送の制作、選挙カーのレンタル費用や燃料費などについて、かかったお金の一部を公費で負担します。それぞれ幾らまで公費で負担するかについては、上限単価額や限度額が細かく決められています。

もっとも、現行法では、立候補者全員が公費負担を受けられるわけではありません。そもそも選挙に立候補するには、供託金を用意しなければならないのですが、選挙の結果、一定の得票率以上を獲得できなかった候補は供託金が没収されます（**表2**）。供託金を没収された候補者は公費負担も受けられないのです。落選したうえに、供託金を没収され、選挙運動の経費は全額自己負担させられる候補者が生まれる可能性があるのです。これでは被選挙権は立候補する権利とは言えないでしょう。

表1　選挙公営の内容

公営の実施主体と公営の内容	公営の種類
選挙管理委員会がその全部を行うもの	投票記載所の氏名等の掲示
内容は候補者等が提供するが，その実施は選挙管理委員会が行うもの	ポスター掲示板の設置
	選挙公報の発行
選挙管理委員会は便宜を提供するが，その実施は候補者が行うもの	演説会の公営施設使用
選挙管理委員会は実施には直接関与しないが，その経費の負担のみを行うもの	選挙運動用自動車の使用
	通常葉書の交付
	通常葉書の作成
	ビラの作成
	選挙事務所の立札・看板の作成
	選挙運動用自動車等の立札・看板の作成
	ポスターの作成
	新聞広告
	政見放送
	経歴放送
	演説会場の立札・看板の作成
	特殊乗車券等の無料交付

出典：選挙制度研究会編『実務と研究のためのわかりやすい公職選挙法(第13次改訂版)』ぎょうせい(2003年)228〜229頁を参照に上脇が作成したもの

表2　各選挙における供託金等

選挙の種類	供託額（円）	供託物が没収される得票数，またはその没収額
衆議院小選挙区	300万	有効投票総数×1／10未満
衆議院比例代表	候補者1名につき600万※1	没収額＝供託額－(300万円×重複立候補者のうち小選挙区の当選者数＋600万円×比例代表の当選者数×2)
参議院比例代表	候補者1名につき600万	没収額＝供託額－600万円×比例代表の当選者数×2
参議院選挙区	300万	有効投票総数÷その選挙区の議員定数×1／8未満
都道府県知事	300万	有効投票総数×1／10未満
都道府県議会	60万	有効投票総数÷その選挙区の議員定数×1／10未満
指定都市の長	240万	有効投票総数×1／10未満
指定都市議会	50万	有効投票総数÷その選挙区の議員定数×1／10未満
その他の市区の長※2	100万	有効投票総数×1／10未満
その他の市区の議会※2	30万	有効投票総数÷その選挙区の議員定数×1／10未満
町村長	50万	有効投票総数×1／10未満
町村議会	15万	有効投票総数÷その選挙区の議員定数×1／10未満

※1　候補者が重複立候補者である場合は，比例代表の供託額は300万円となります．
※2　ここでいう「市区」の「区」は東京23区を指します．
出典：総務省のウェブサイト「立候補を目指す方へ」

⑥政党交付金

政党交付金は政党助成金とも呼ばれ、その原資は公金(税金)です。一九九四年の「政治改革」によって成立した政党助成法によって導入されました。日本の人口一人あたり二五〇円で計算した額を基準にして、毎年三〇〇億円超が受け取りを拒否している共産党を除く政党に配分され、交付されています。

政党助成法が定めている「政党」とは、後述する政治資金規正法上の「政党」とほとんど同じで、①国会議員が五人以上在籍しているか、②国会議員が一名以上在籍し国政選挙での得票率が全国で二％以上の政治団体と定められています。

政党ごとの配分は、議員数割と得票数割で決まるのですが、大雑把に言えば、所属する衆参の国会議員の数と、衆参の選挙で得た得票数によって決まります(**表3**)。つまり、選挙で勝って議席を多く得た政党ほど、多くのお金がもらえることになっています。

少し前に説明したように、立法事務費や調査研究広報滞在費は、あくまで立法府の議員としての「公的な政治活動」に使途が限定されています。一方で、政党交付金はこれ以外に、選挙にかかるお金や、選挙以外の平時の活動といった私的な政治活動にも使えることになっているのが本質的に違うところです。

表3　各政党に交付する政党交付金の額の計算方法

区　分			各政党に対して交布すべき政党交付金の額の計算
議員数割［政党交付金総額の1／2］			議員数割（1／2）× 当該政党の国会議員数／届出政党の国会議員数の合計 ①
得票数割［政党交付金総額の1／2］	衆議院議員総選挙［前回］	小選挙区	得票数割（1／2）× 1／4 × 得票割合※ ②a
		比例代表	得票数割（1／2）× 1／4 × 得票割合※ ②b
	参議院議員通常選挙［前回 前々回］	比例代表	得票数割（1／2）× 1／4 × 得票割合の平均（前回・前々回） ②c
		選挙区	得票数割（1／2）× 1／4 × 得票割合の平均（前回・前々回） ②d
各政党に対して交布すべき政党交付金の額			①＋②（a〜dの計）

※得票割合＝当該政党の得票数／届出政党の得票数の合計

「得票割合」は，有効投票総数に対する得票率とは異なります．

出典：総務省のウェブサイト

表4　自民党「本年の純収入」に政党交付金(税金)の占める割合(国営化の度合)

年(国政選挙)	本年の純収入(円)	その内の政党交付金(円)	政党交付金の割合(%)
2015年(統一地方選挙)	約257.5億	約174.4億	**約67.7**
2016年(参議院通常選挙)	約241.3億	約174.4億	**約72.3**
2017年(衆議院総選挙)	約243.6億	約176.0億	**約72.2**
2018年	約262.9億	約174.9億	**約66.5**
2019年(参議院通常選挙)	約244.9億	約176.5億	**約72.1**
2020年	約240.8億	約172.6億	**約71.7**
2021年(衆議院総選挙)	約243.9億	約169.5億	**約69.5**
2022年(参議院通常選挙)	約248.6億	約159.8億	**約64.3**

国会で最大の議席数を持つ自民党の収支を見てみると、政党交付金がいかに大きな収入源となっているかがわかります(**表4**)。自民党の近年の純収入(「前年からの繰越金」及び借入金を除く)は、毎年二四〇億〜二五八億円程度。そのうち、政党交付金が占める額は毎年一七〇億円前後ですから、実に収入の七割が政党交付金によって賄われています。つまり、政党が国営化しているのです。

⑦内閣官房機密費

いわゆる内閣官房機密費は、正式には「内閣官房報償費」と言います。内閣官房長官がその目的を逸脱しない限り自由に使うことのできる公金で、その使途や支払いの相手方は非公開とされ、会計検査院ですら知ることができません。その秘匿性の高さから、官房機密費などと呼ばれるようになりました。

表5　内閣官房報償費の一部の支出内訳(1991年11月～1992年12月)

支　出	内訳(概算, 円)
パーティー	3028万
手　当	3050万
国　対	2521万
香　典	243万
餞　別	2043万
経　費	1298万
花	113万
結婚式	60万
御　祝	120万
見舞・出張	103万
小　計	1億2579万
その他	1807万
合　計	1億4386万

※宮沢喜一内閣および加藤紘一官房長官

官房機密費の使途は非公表のため、実態はわかりません。たとえば外国で日本人が拉致されたようなときに、外務省が犯人側との交渉のためにお金を使う、などというケースが例として挙げられることがあります。このように、イレギュラーな出費ではあるものの、政府としてどうしても緊急でお金を使わなければいけないような場合に、それを機密費で賄うというのが本来想定されている使い道だと言えます。

しかし、実際には本来の趣旨を逸脱した使い方が横行しているのではないかとの指摘がなされてきました。過去に報道などを通して明るみに出た話では、自民党の議員が外遊するときに

表6　1989年度分の内閣官房報償費の使用状況

区　分	予算額(円)	備　考
1. 経常経費	6億	総理・長官等の諸経費，官邸会議費，慶弔，国公賓接遇費，総理・長官主催接宴費等
2. 官房長官扱	16億	内政・外交対策費
3. 官房長官予備費	5億	
4. 特別経費	5億2800万	**自民党外交対策費**，夏季・年末経費，総理外遊経費，その他
合　計	32億2800万	

※1989年5月に作成された竹下登内閣の小渕恵三内閣官房長官から宇野宗佑内閣の塩川正十郎内閣官房長官への引継ぎ文書(古川ペーパー)

「お土産代」などの名目で一定のお金を渡していた例や、党内の他の議員の政治資金パーティー券を買っていた例があります。本来は公の目的に限定して使われるべき官房機密費が、自民党議員の懐をうるおすために使われてしまっている可能性があるのです(**表5**)。

野党工作のための資金として使われているという疑いもあります。過去の報道では、消費税導入を決めた一九八八年の「消費税国会」の際に、野党の公明党や民社党の協力を取り付けるために官房機密費が使われたという疑惑があります。

これが明らかになったのは、二〇〇一年二月に国会で取り上げられた内閣官房長官の「引継ぎ文書」からです(**表6**)。これは一九八九年に竹下登内閣から宇野宗佑内閣へと変わった際につくられたペーパーで、筆跡鑑定から執筆者は当時、主席内閣参事官だった古川貞二郎氏と推定されています。

この中で、一九八八年に官房機密費が五億円増額されていることについて、「税制改正のための特別の扱いである」と記載されていました。当時の「税制改正」と言えば消費税の導入ですから、増額された官房機密費がそのための国会対策に使われた疑いが濃厚です。五億円がどんな形で使われたのか。直接、野党にお金が流れたのか。これも使途が公開されていないので、私たちにはチェックできないようになっています。

私が安倍晋三官房長官時代の官房機密費について情報公開請求したところ、開示された行政文書には、その使途に関する文書が一枚もなかったので、その開示を求めて大阪地裁に訴訟を提起し、最高裁まで争った結果、弁護団(阪口徳雄弁護団長)の奮闘により二〇一八年に一部勝訴することができました(最高裁第二小法廷二〇一八年一月一九日判決)。それにより使途の文書の一部が開示されました。

官房機密費は近年では約一二億円です。これには、官房長官が独りで管理する「政策推進費」と職員が管理する「調査情報対策費」「活動関係費」があり、九割が内閣官房長官の管理している「政策推進費」であることがわかっています(**表7**)。

表7　内閣官房報償費の目的類型，各出納管理者・内容・支出先

目的別	出納管理者	内　容	支出先
政策推進費	**内閣官房長官**	**関係者の合意や協力を得るための対価**	**合意・協力者**
		有益な情報を得るために支払われる対価	**情報提供者**
調査情報対策費	事務補助者	情報提供の対価	情報収集・協力依頼の相手方
		情報収集のための会合の経費	会合事業者（料亭，ホテル等）
活動関係費	事務補助者	交通費	交通事業者（タクシー，ハイヤー等）
		会合費	会合事業者（料亭，ホテル等）
		書籍類	書　店
		活動経費	情報収集・協力依頼の相手方
		贈答品	事業者
		謝　礼	情報収集・協力依頼の相手方
		慶弔費	慶弔の相手方
		支払関係（振込手数料）	銀行等の金融機関

このように様々な制度によって、政治家の活動は公費で支えられています。その中には、民主主義のために公費で負担しなければならない「民主主義のコスト」と考えられるため、公費で負担することは当然であるものもありますが、後述するように、その支出について憲法上の根拠がないものもあります。

法律で収支報告が義務づけられている資金

ここまで見てきたように、政治家たちには公費から多額のお金が支払われていますが、それ以外にも、各議員や政党、派閥などの政治団体は、個人、政治団体、会社(企業)からの寄付やパーティー券収入により、民間からも資金を集めています。

言うまでもなく、これらの「カネ」は野放しにしておくと、政治や選挙に重大な影響を及ぼしかねません。そのため、政治資金規正法や公職選挙法によって、収支報告書の提出が義務づけられています。もちろん、刑法に贈収賄罪がありますが、贈収賄罪に該当するかどうかは立件が難しい。そこで、それらの法律で、その一歩手前の行為をも規正することとしたのです。

公職選挙法は選挙運動ができる期間を限定しています(選挙の公示日(告示日)に立候補の届出を

してから投票の前日まで）。その準備のための資金を含めて「選挙運動資金」とし、立候補者は、衆議院の比例代表選挙を除き、当該選挙に関する事務を管理する選挙管理委員会に選挙運動資金の収入と支出に関する報告書と支出に関する領収書の写しを提出しなければなりません。この収支報告書はインターネット公表されていませんが、その概要だけをまとめた要旨については、都道府県や市区町村の公報で掲載され、インターネットで閲覧できるところもあります。総務省は参議院の比例代表候補について要旨をインターネット公表しています。収支の詳細を知りたい場合には、収支報告書そのものや支出を証する領収書を見るしかありませんが、それを入手するには情報公開請求して開示を受ける必要があります。

一方、政治資金規正法の場合は、期間は選挙運動期間に限定せず、原則として一年間です。また、政治資金収支報告書の提出先は総務大臣または都道府県選管となります。この政治資金規正法はしばしば「ザル法」といわれ、「政治とカネ」の問題を引き起こしてきたことは周知のとおりです。そこで政治資金規正法とはどのような法律なのか、章を改めて解説したいと思います。

第2章

カネはどう規制されているのか

政治資金規正法の目的

政治資金規正法は、政治資金の出入りを透明化することで、国民が監視できるようにしようという法律です。第一条では、その目的が次のように記載されています。

「この法律は、議会制民主政治の下における政党その他の政治団体の機能の重要性及び公職の候補者の責務の重要性にかんがみ、政治団体及び公職の候補者により行われる政治活動が国民の不断の監視と批判の下に行われるようにするため、政治団体の届出、政治団体に係る政治資金の収支の公開並びに政治団体及び公職の候補者に係る政治資金の授受の規正その他の措置を講ずることにより、政治活動の公明と公正を確保し、もつて民主政治の健全な発達に寄与することを目的とする」

国会議員などの政治活動が「国民の不断の監視と批判の下に行われるようにするため」に、資金の授受を規正することで、「政治活動の公明と公正を確保し、もって民主政治の健全な発達に寄与することを目的とする」とあります。ここから読み取れるのは、政治資金規正法は刑法のように犯罪となる行為を取り締まるだけでなく、政治的、道義的に見てどうなのか、ということも含めて国民がチェックするための法律でもあるということです。

どのように政治資金を規正するのかと言うと、基本的な考え方が二つあります。一つは、政治資金の流れを国民に公開することで、不適切な点がないかを国民に判断してもらうという考え方です。これは、まず、原則として政治資金を扱えるのを政治団体に限定し、政治資金を集めて支出したい者には政治団体の届出をさせます。そして、その政治団体の政治資金のやり取りについて政治資金収支報告書を作成、提出させ、これを公開することで国民が判断できるようにしているのです。たとえば国会議員の政治団体が一定額を超える寄付を受け取った場合、それを忠実に政治資金収支報告書に記載させます。それを見た国民は、その国会議員が政治団体を通じて特定の相手から毎年多額の寄付を受けているといった関係性を発見することができます。贈収賄の罪に問われるような具体的な行為が認定できなくても、それによって政治がねじまげられていないか、国民が監視する助けになります。

もう一つは、政治資金のやり取りを直接制限する考え方です。たとえば、企業や労働組合が政治家個人やその関連政治団体に寄付することを禁止したり、国や地方自治体から一定の補助金を受けている会社等からの寄付を禁止する、といった規定が存在します。

政治資金規正法の歴史的変遷

政治資金規正法が成立したのは、第二次世界大戦の終結から間もない一九四八年のこと。まだ日本がＧＨＱ（連合国軍最高司令官総司令部）の統治下にあった時代に、議員立法によって成立しています。

当時は敗戦直後の混乱期で、選挙の際の不透明な金の流れが問題視されていました。政府の中では当初、政党のあり方を定めた政党法をつくって対処する動きがありましたが、共産党などから結社の自由に反するという反発があったうえ、閣内もまとまりませんでした。そこで、アメリカの腐敗行為についての防止法をモデルにして、政治資金の流れを透明化して、国民がチェックできる仕組みとして政治資金規正法がつくられたのです。

政治資金規正法はその後、「政治とカネ」の問題が起きるたびに見直しの議論が起こり、実際に何度となく「選挙制度審議会」が設置され、その答申に基づく法案も作成され、改正されてきましたが、小幅な改正にとどまったり、廃案になるときもあり、一気に改正がなされてきたわけではありませんでした。

たとえば、「保全経済会事件」(一九五三年)、「造船疑獄」(一九五四年)が起きましたが、大きな改正には至りませんでした。一九六六年に一連の政界の不祥事、いわゆる「黒い霧事件」が起きると、「第五次選挙制度審議会」が設置されました。その答申は、「政党の政治資金は、個人献金と党費により賄われることが本来の姿である」と指摘していました(一九六七年)。しかし、「今日直ちに政治資金の寄附を個人に限ることは、混乱を招くおそれがあり、その実現は困難と思われる」として、寄付の上限額を設定する等「差し当たり」の措置を講じるよう答申しました。それでも、法案は審議未了で改正には至りませんでした。

次に動きがあったのは、田中角栄首相が一九七四年に発覚した「金脈問題」で退陣に追い込まれた後のことです。田中首相の後を受けたのは、「クリーン三木」と言われた三木武夫首相でした。三木は党内の強い反発を受けながらも七五年に政治資金規正法の全面改正を実現したのです。寄付には量的制限、質的制限、斡旋の規制という三つの制限が設けられ、個人寄付に対する税制上の優遇措置も行われました。三木首相は三年の猶予期間の後に企業献金を廃止して、個人献金に切りかえていくという私案を持っていましたが、これが実現することはありませんでした。

「政治とカネ」の問題はその後も続きました。多くの有力議員が関与して大問題になったのが、戦後最大の贈収賄事件とも言われる一九八八年に発覚した「リクルート事件」です。

リクルートの関連不動産会社の未公開株が賄賂として多くの議員らに渡されていたこの事件を受けて、一九八九年には当時の竹下登首相が退陣。政治不信の広がりに危機感を覚えた自民党は後藤田正晴元官房長官が中心となって「政治改革大綱」を策定しました。「政治改革大綱」では政治資金の透明化や、派閥偏重の党運営の改革などがうたわれました。

一九九二年には「佐川急便事件」が起こります。東京佐川急便の渡辺広康社長(当時)から巨額の資金が政界に流れ、当時の金丸信自民党副総裁が五億円の「闇献金」を受けていたことが発覚しますが、金丸氏は東京地検からの出頭要請を一切拒否。金丸氏が政治資金規正法違反を認める上申書を提出する代わりに、罰金二〇万円の略式処分とすることで決着します。この検察の甘い処分に世論は憤激し、検察庁の看板にペンキがかけられる事件まで起こりました。結局、金丸氏は議員辞職に追い込まれ、九三年には巨額の脱税容疑で逮捕されるに至ります。政治改革を求める声はさらに高まります。

相次ぐ不祥事で自民党が信頼を失っていく中、一九九三年には非自民・非共産八党の連立政権である細川護熙内閣が誕生します。自民党は結党以来三八年間保持した政権を初めて失い、下野。いわゆる「五五年体制の崩壊」です。

翌一九九四年には、自民党時代から続いてきた政治改革の議論を踏まえ、細川政権下で「政治改革関連四法」が成立しました。主な内容は衆議院議員の選挙制度をそれまでの中選挙区制から小選挙区比例代表並立制に変え、同時に政党交付金を導入することなどでしたが、この時、政治資金規正法も改正されました。

自民党が下野していたこともあり、この時がこれまでの膿を出して政治資金規正法を本当に実効性のあるものにする最大のチャンスだったのですが、企業、労働組合、任意団体の行う献金については一部が禁止されたものの全面禁止には至らず、結局、中途半端な改正に終わってしまいました。小選挙区制と政党交付金の導入の方に世間の注目の中心が移っていってしまったことも原因の一端です。九〇年代の改革の失敗は、現在まで続く民主主義の歪みを生んでしまった非常に重要なターニングポイントなので、第四章であらためて詳述します。

政治資金の収支の公開基準についても、改正が重ねられてきました。二〇〇八年には、「ナントカ還元水」などの発言も問題視された松岡利勝農相（当時）による事務所費や光熱費の不正疑惑を受けて、新たに「国会議員関係政治団体」という政治団体の区分が設けられました。これにより、収支報告書に明細を記載する範囲が拡大されるなど、国会議員の支出に対してより透明性が求められるようになりました。

二〇〇九年八月、民主党が衆院選で圧勝し、政権を獲得します。民主党はマニフェストで「企業団体による献金、パーティー券購入を禁止します」と明言していました。しかし、実際に与党となると、この政権公約を反故にする方向に舵を切ります。予算の成立を優先させることなどを名目に、政治資金規正法改正案を二〇一〇年の通常国会に提出することはありませんでした。そればかりか、財界と関係が深い「新しい日本をつくる国民会議」(二一世紀臨調)の提言を受け入れ、企業・団体による献金やパーティー券の購入については、政党本部に対するものを認める中途半端な改正案をまとめてしまいます。マニフェストに掲げられた公約が反故にされてしまったことになります。その後の政権の混乱もあり、結局は政治資金規正法の改正自体が行われないまま、二〇一二年に民主党は下野してしまいました。

企業や労働組合等の献金はこのようにしぶとく禁止を免れてきましたが、政治資金規正法は政界に不祥事が発覚するたびに、より厳しい規定が導入されてきた歴史があるのです。

政治資金規正法が定める政治団体の枠組み

それでは、政治資金規正法の具体的な枠組みを見ていきましょう。

まず、政治資金規正法が適用されるのは、政治資金を受ける側と、提供する側の両方になります。ここで気をつけなければならないのは、報告書による収支の流れの公開などが義務づけられるのは、政治家個人ではなく、政治団体であるということです。

政治団体とは「政治上の主義若しくは施策を推進し、支持し、又はこれに反対すること」や「特定の公職の候補者を推薦し、支持し、又はこれに反対すること」を目的とした活動を組織的かつ継続的に行う団体のことです。政治団体の設立や活動は原則として自由ですが、寄付を受けたり支出をしたりするためには、設立から七日以内に都道府県の選挙管理委員会か総務大臣に届け出る必要があります。活動区域が一つの都道府県内にとどまる場合はその都道府県の選管に、二つ以上にまたがる時は総務大臣に提出することになっています。

政治団体は毎年一回、政治資金の出入りについて収支報告書を作成して提出することが義務づけられています。収支報告書の要旨は官報や都道府県の公報で公表され、詳細については総務省や都道府県内選管で誰でも閲覧や写しの交付を求めることができますが、近年はインターネット上での公開が進んできています。

政治団体には幾つかの種類があり、誰の寄付を受けられるのか、また、求められる収支報告

表8 「政党」の定義

政治資金規正法の「政党」	政党助成法の「政党」
• 政治団体に所属する衆議院議員又は参議院議員を5人以上有するもの	• 政治団体に所属する衆議院議員又は参議院議員を5人以上有するもの
• 直近の衆参各選挙のいずれかで「政治団体の得票総数」が「有効投票の総数の100分の2以上であるもの」	• 衆議院議員又は参議院議員を有するもので，直近の衆参各選挙のいずれかで「政治団体の得票総数」が「有効投票の総数の100分の2以上であるもの」

書の内容などが定められています。以下、それぞれについて見ていきます。

①政党

政党とは言うまでもなく自民党や立憲民主党などのことですが、政治資金規正法上は①国会議員が五人以上在籍しているか、②国政選挙での得票率が全国で二％以上の政治団体と定められています。「地域政党」である大阪維新の会や都民ファーストの会などは一般的には政党と同じような扱いを受けていますが、政治資金規正法上は政党と言えないので注意が必要です（**表8**）。

政党が他の政治団体と違うのは、企業や労働組合などから政治活動のための寄付（政治献金）を受けることができるという特例が設けられていることです。また、政治家個人に対して政治活動のための金銭を寄付できるのも政党だけです。

②政治資金団体

政治資金団体は「政党のために資金上の援助をする目的を有する団体」で、政党により指定されたものと定義されています。現在、届け出られている主な団体として、自民党の「国民政治協会」や、国民民主党の「国民改革懇話会」があります。政治資金団体も政党と同じく、企業などの団体から寄付を受けることができます。「国民改革懇話会」の二〇二二年分の政治資金収支報告書を見ると、収入も支出もありませんので、注目すべきは「国民政治協会」です。

日本の財界は長年、自民党に多額の献金を続けてきましたが、国民政治協会がこうした企業からの献金を受け取り、それを自民党に寄付するという仕組みになっています。

③資金管理団体

資金管理団体とは、政治家のための政治資金の提供を受けたり、取り扱ったりする政治団体のことです。政治家が、自身が代表を務める政治団体のうちから一つの政治団体に限り指定することができます。

資金管理団体に指定されると、議員本人から資金管理団体になされる寄付については、通常ならば課される上限規制（一五〇〇万円）がなくなります（ただし、一〇〇〇万円の総枠規制があります)。

一方で、資金管理団体の支出については、何の目的で、いつ、誰に対し幾ら支出したという明細を政治資金収支報告書に記載する内容の範囲はより広がります。支出は経常経費と政治活動費に分かれ、経常経費については、資金管理団体以外の政治団体では人件費や事務所費などの各項目の支出合計額だけを記載すればよいのですが、資金管理団体では人件費を除き政治活動費と同じように五万円以上について明細を記載しなければなりません。

④国会議員関係政治団体

政党や政治資金団体以外の政治団体のうち、「国会議員やその候補者が代表である団体」や、「個人の寄付に関する税制上の優遇措置の適用を受ける政治団体のうち、特定の国会議員や候補者を推薦・支持することを本来の目的とする団体」は、国会議員関係政治団体と定義されています。国会議員の資金管理団体は国会議員関係政治団体にも該当することになります。

前述のように、政治資金の支出に関わる一連の不祥事を受けた二〇〇八年の法律改正で新たに加わった区分で、国会議員と関わりの深い政治団体の収支の公開などについて、より厳しい基準が設けられ、支出の透明度が高められています。

支出の明細の記載と領収書の写しの添付が求められる支出を見ていくと、人件費を除く光熱費や事務所費などの経常経費については、資金管理団体が五万円以上、国会議員関係政治団体は一万円超と、より厳しくなっています。政治活動費の支出についても、資金管理団体が五万円以上なのに対し、国会議員関係政治団体は一万円超となっています。

さらに国会議員関係政治団体では、一万円以下の少額の支出の領収書の写しについても、情報開示請求を受けたら開示しなければなりません。これによって、一万円以下の支出の内訳がわかります。また、収支報告書の提出の前に、会計について登録政治資金監査人による監査を受けなければならないことにもなっています。

⑤その他の政治団体

国会議員関係政治団体でも資金管理団体でもない政治団体を、「その他の政治団体」と呼ぶことにしましょう。

国会議員に関連した団体でも、国会議員関係政治団体や資金管理団体でないものは、その他の政治団体となります。政治家と直接関わらない「全国○○業協会」といった業界がつくる政治団体などもその他の政治団体となるため、膨大な数の団体が存在しています。派閥の政治団

表9　「支出」の明細の記載および領収書の写しの添付の基準

		国会議員関係政治団体	資金管理団体	その他の政治団体
		（2009年分から）	（国会議員関係政治団体以外，2008年分から）	（国会議員関係政治団体・資金管理団体以外）
経常経費	人件費	×	×	×
	光熱水費	1万円超（その領収書等の写しの情報開示あり）	5万円以上（その領収書等の写しの情報開示あり）	×
	備品・消耗品費			
	事務所費			
政治活動費	組織活動費	1万円超（その領収書等の写しの情報開示あり）	5万円以上（その領収書等の写しの情報開示あり）	5万円以上（その領収書等の写しの情報開示あり）
	選挙関係費			
	機関紙誌発行その他事業費			
	調査研究費			
	寄附・交付金			
		「1万円以下」の支出の領収書等の写しの情報開示あり		

出典：総務省自治行政局選挙部政治資金課「政治資金規正法のあらまし」の一覧表を参照に上脇が作成

体も「その他の政治団体」です。

「その他の政治団体」は支出の透明度が一番低く、明細を記載しなければならないのは、政治活動費だけであり、それも五万円以上の支出に限定されています（表9）。

それぞれの政治団体が受けられる寄付については、個人か企業か、あるいは別の政治団体かによって上限額が定められています。

表10　企業・労働組合・任意団体の政治活動のための寄付（政治献金）受領の可否

政治団体の種類	要　件	企業等献金
政党＝右の2つの要件のうち1つでも充足する政治団体	・政治団体に所属する衆議院議員又は参議院議員を**5人以上**有するもの ・直近の衆参各選挙のいずれかで「政治団体の得票総数」が「有効投票の総数の**100分の2以上**であるもの」	○
政治資金団体	**政党のために資金上の援助をする目的を有する団体**（国民政治協会，国民改革懇話会，ホリエモン新党）	○
資金管理団体	**公職の候補者**が，その代表者である政治団体のうち，**その者のために政治資金の拠出を受けるべき政治団体と指定したもの**	×
他の政治団体	派閥の政治団体，地域政党「大阪維新の会」，業界の政治団体など	×

政党と政治資金団体では、個人から寄付を受けられるのは年間二〇〇〇万円までとされています。会社や労働組合などからの寄付は年間七五〇万～一億円の間で許されており、会社は資本金または出資の金額に応じて、労働組合または職員団体は組合員等の数に応じて、それら以外の任意団体は前年の経費額に応じて、それぞれ年間上限額が決められています。一方、別の政治団体からの寄付については制限がありません。

これが資金管理団体や「その

他の政治団体」の場合は、個人から受けられる寄付の年間限度額は一五〇万円とずっと少なくなりますし、企業や労働組合などからの寄付は、前述のようにそもそも受けることができません(**表10**)。政治団体については、政党や政治資金団体からの寄付については制限がありませんが、それ以外の政治団体からの寄付については年間五〇〇〇万円が限度額となっています。

このような枠組みで、政治を「国民の不断の監視と批判」の下に置こうとしているのが政治資金規正法なのですが、今回の自民党派閥による裏金事件が象徴するように、実際には欠陥とも言える「抜け道」がたくさんあり、「政治とカネ」をめぐるスキャンダルが絶えることはありません。いったいどんな「抜け道」が存在するのか、次章で見ていきます。

第3章

抜け道だらけの政治資金規正法

――裏金はこうしてつくられる

政治資金パーティーは事実上の企業献金

これまで不祥事が起きるたびに幾度となく改正を重ねてきた政治資金規正法ですが、残念ながら現在でも数々の「抜け道」が存在し、それが、「政治とカネ」の問題がいつまでもなくならないことにつながっています。

ここまで説明してきたように、政治資金規正法では企業、労働組合、任意団体からの寄付を受けられるのは政党と政治資金団体に限られています。

ところが、政治資金規正法には寄付とは別に政治資金パーティーという枠組みが存在しています。政治資金パーティーは、政党だけではなく他の政治団体も開催でき、パーティー券購入は一般的には寄付ではないので、企業なども政治団体主催のパーティー券を購入することができるようになっているのです。

政治資金規正法には、個人も企業も一つの政治資金パーティーについて一五〇万円を超える対価の支払いをしてはならないという規定があります。しかし、寄付のような年間限度額はなく、複数のパーティーについていくらでもパーティー券を購入することができます。

自民党派閥の裏金事件で問題となった政治資金パーティーを主催したのは、清和政策研究会（安倍派）や志帥会（二階派）などの自民党議員でつくる派閥ですが、これらも政治団体として総務省に届出がされており、政治資金パーティーを開催することができるようになっています。しかも、政治資金規正法上の区分では「その他の政治団体」となりますから、収支の透明性については最も緩い基準が適用されます。

このように、政治資金パーティーの収入は、政治資金規正法上は寄付とは見なされていないのですが、その実態を見ていくと、形を変えた寄付としか考えられません。まず、多くのパーティーでは利益率がかなり高くなっています。

友人同士や職場の仲間同士で開くパーティーならば、会場代、料理や飲み物の代金など、実際にかかったお金にほぼ見合った対価が見られるのが通常かと思います。もし、料理などが払った金額に対してまったく見合わないものだったら、怒り出す人もいるのではないでしょうか。

これに対して政治資金パーティーは、通常は政治家の資金集めを最大の目的としています。このため、通常はパーティー券販売による収入のほうが、会場代や料理代などによる支出よりも圧倒的に多くなっています。私が多くの政治資金収支報告書を見てきた限り、利益率が八～九割という例も珍しくありません。多少、立食形式の料理や飲み物などは出るでしょうが、仮に払った値段に対して満足できるようなものが出なくても、誰も文句は言いません。

つまり、参加者は実質的には寄付をするつもりでパーティー券を買っていることになります。もちろん、個人で本当に政治家を支援したくてお金を払って参加している人もいますが、企業や業界の政治団体などがまとめて大量に買っているケースが少なくありません。

それでも、寄付をした人がパーティーに参加していればまだいいのですが、実際には、企業として大量にパーティー券を購入しておいて、参加する人数ははるかに少ないケースが散見されます。政治資金収支報告書を調べていて目につくのが、たとえば地方の企業が東京で行われる国会議員の政治資金パーティーのために一〇〇万円分購入しているようなケースです。パーティー券の相場は一人あたり二万円が一般的と言われますから、一〇〇万円と言うと五〇人分です。しかし考えてみると、忙しい会社員が地方から一度に五〇人も出てこられるはずがありません。出張のついでなどでパーティーに出席できるのはせいぜい一人か二人でしょうし、中には誰も参加しない、ということもあるようです。

企業の側はそうとわかったうえで大量に購入しているわけですから、このお金のやり取りは、限りなく寄付に近い意味合いを帯びています。政治家の側も、ほとんどの人が欠席という前提で、パーティー券を購入した人数よりもはるかに少ない席や料理しか用意していないから、莫

表 11　自民党の派閥の総収入に占める政治資金パーティー収入の割合

◆2020 年

政治団体	本年の収入額（円）	パーティー収入額（万円）	割合（%）
清和政策研究会	3 億 4523 万	2 億 6383 万	76.4
志帥会	3 億 7816 万	3 億 2047 万	84.7
平成研究会	2 億 1686 万	1 億 8146 万	83.7
志公会	2 億 7181 万	2 億 1706 万	79.9
宏池政策研究会	2 億 6328 万	1 億 6428 万	62.4

◆2021 年

清和政策研究会	3 億 5557 万	2 億 7187 万	76.5
志帥会	3 億 5769 万	2 億 9773 万	83.2
平成研究会	2 億 2210 万	1 億 9270 万	86.8
志公会	3 億 1989 万	2 億 1938 万	68.6

◆2022 年

清和政策研究会	2 億 8835 万	1 億 9762 万	68.5
志帥会	2 億 4652 万	2 億 1209 万	86.0
平成研究会	2 億 1890 万	1 億 8420 万	84.1
志公会	2 億 8658 万	2 億 3331 万	81.4
宏池政策研究会	2 億 2935 万	1 億 8329 万	79.9

大な黒字が出るわけです。

企業がこのように大量のパーティー券を購入するのは、実質的には企業献金と変わりません。企業などからの寄付を政党と政治資金団体だけに限定した政治資金規正法の規定は、政治資金パーティーが存在することによって骨抜きにされているのです。

自民党の派閥の政治資金収支報告書を調べていて驚かされるのは、政治資金パーティーによる収入額が全収入額に占める割合の多さです。低くても六〇％あり、高いと八六％超もあります。政党としての自民党には政党助成金が入ってきてうるおっていますが、このお金が直接、派閥に分配されるわけではありません。個人からの寄付収入も、思いのほか多くない。政治資金パーティーこそが、自民党の派閥の主な資金源になっていたことがわかります（表11）。

政治資金パーティーのもう一つのパターン

政治資金パーティーの問題にはもう一つのパターンがあります。それは、パーティーを主催した政治家の側が有権者を「接待」するというものです。

例えば、あるパーティーのパーティー券の売上の総額と、支出の総額を調べてみると、支出のほうが多いことがあります。この場合、そのパーティーは政治家の資金集めが目的ではなくて、そこに集まった人たちに対して会場となった高級ホテルでの食事や飲み物など、便宜を提供するための接待に近い意味合いの会だったのではないかということが疑われます。参加者の中にその候補者の選挙区から来た人がいれば、公職選挙法違反の選挙区内の者への寄付行為にあたることになります。事実上の買収効果を目的としたもので、買収罪の一歩手前の犯罪です。

この事例の代表的なものが、二〇二〇年に発覚した安倍晋三元首相の「桜を見る会」前夜祭をめぐる問題です。これについては、後述します。

「透明化」の網をすり抜ける政治資金パーティー

企業献金の制限をすり抜ける「抜け道」となってしまっている政治資金パーティーですが、もう一つの問題は、政治資金規正法が目指す収支の透明化を阻害する役割を果たしていることです。

政治資金規正法では、たとえばある政治団体が別の政治団体からの寄付を受けた場合、一年間にその総額が計五万円を超えたら、寄付した政治団体の名称、所在地、代表者の氏名、寄付の金額、年月日の明細を、寄付を受けた政治団体の収支報告書に記載しなければいけないと定められています。たとえば一万円、二万円、三万円と三回、計六万円の寄付を受けた場合、五万円を超えているので、全部について明細を書かなければなりません。そのうちの一万円の分についても、いつ誰が幾ら出したかという明細が必要です。

一方、政治資金パーティーによる収入は、一つの政治資金パーティーについて同一の者からの対価の支払いの合計が二〇万円を超えた場合のみ、パーティーを開催した政治団体の収支報告書に明細を記載することになっています。

この規定は、寄付の場合よりもはるかに緩いものになっています。単純に五万円と二〇万円という金額の差だけではありません。寄付の場合は年間に五万円超ですが、政治資金パーティーの場合は一つのパーティーの支払合計が二〇万円を超えていなければ、同じ政治家の他のパーティーの券を購入しても、収支報告書に明細を記載する必要はありません。

つまり、ある政治家が特定の企業から寄付を受けていることを公表したくないと考えた場合、この企業と相談して一つのパーティーについて二〇万円以内に収まるようにパーティー券を買ってもらうことで、会社名を収支報告書に記載しないで済むことになります。政治資金パーティーを年に五回開催して、この企業から各回二〇万円、計一〇〇万円の分のパーティー券を買ってもらったとしても、収支報告書には一切、会社名が出ることがありません。

この仕組みは、企業の側からしても好都合です。政治資金収支報告書に企業名が出れば、その政治家との癒着を否が応でも疑われることになりますし、場合によっては、他の政治家からも「うちのパーティー券も買ってほしい」と頼まれてしまうかもしれません。収支の公開の基準が緩い政治資金パーティーは、政治家にとっても企業にとっても、「ウィンウィン」を実現する仕組みになってしまっているのです。

実際、政治資金収支報告書の明細に記載があるパーティー券収入の額は、パーティー券収入全体のごく一部であることがほとんどです。つまり、多くの企業がパーティー券の購入額を二〇万円以内に調整することで、政治資金収支報告書に名前が記載されないようにしていると思われます。どの企業がどの政治家のパーティー券をいくら購入したかについては、実態を明らかにする仕組みがないため、誰もチェックできないのが現状です。政治資金パーティーは企業献金の「抜け道」であるばかりか、その実態を国民から見えにくくする「隠れ蓑」にもなっているのです。だからこそ自民党の派閥は政治資金パーティー券の売上をごまかして簡単に裏金をつくれたのです。

パーティー券の購入を企業に強制

ところで、企業の側はなぜ、政治家が主催する政治資金パーティーの券を購入するのでしょうか。「お付き合いで買ってあげている」程度のケースもあるようですが、地元の政財界に影響力を持つ政治家から「買ってほしい」と頼まれて、逆らえずに仕方なく購入しているケースが少なくないようです。強制するような頼み方ではなかったとしても、「断れば、地元の公共事業を受注できなくなるかもしれない」といった無言の圧力が存在することは容易に想像できます。

そうした実態の一端が明るみに出たのが、毎日新聞が二〇二二年一一月にスクープした平井卓也元デジタル担当大臣の政治資金パーティーをめぐる問題です。

私は、この報道にも出た内部資料をある人物を介して入手しました。平井議員が支部長を務める「自由民主党香川県第一選挙区支部」が二〇二〇年一月、地元のX社に送った政治資金パーティーの案内状と、「チケットご購入依頼の件」と題された依頼状です(図1)。

案内状に記載された会費は一人二万円。同時期に送られたとみられる依頼状には、このパー

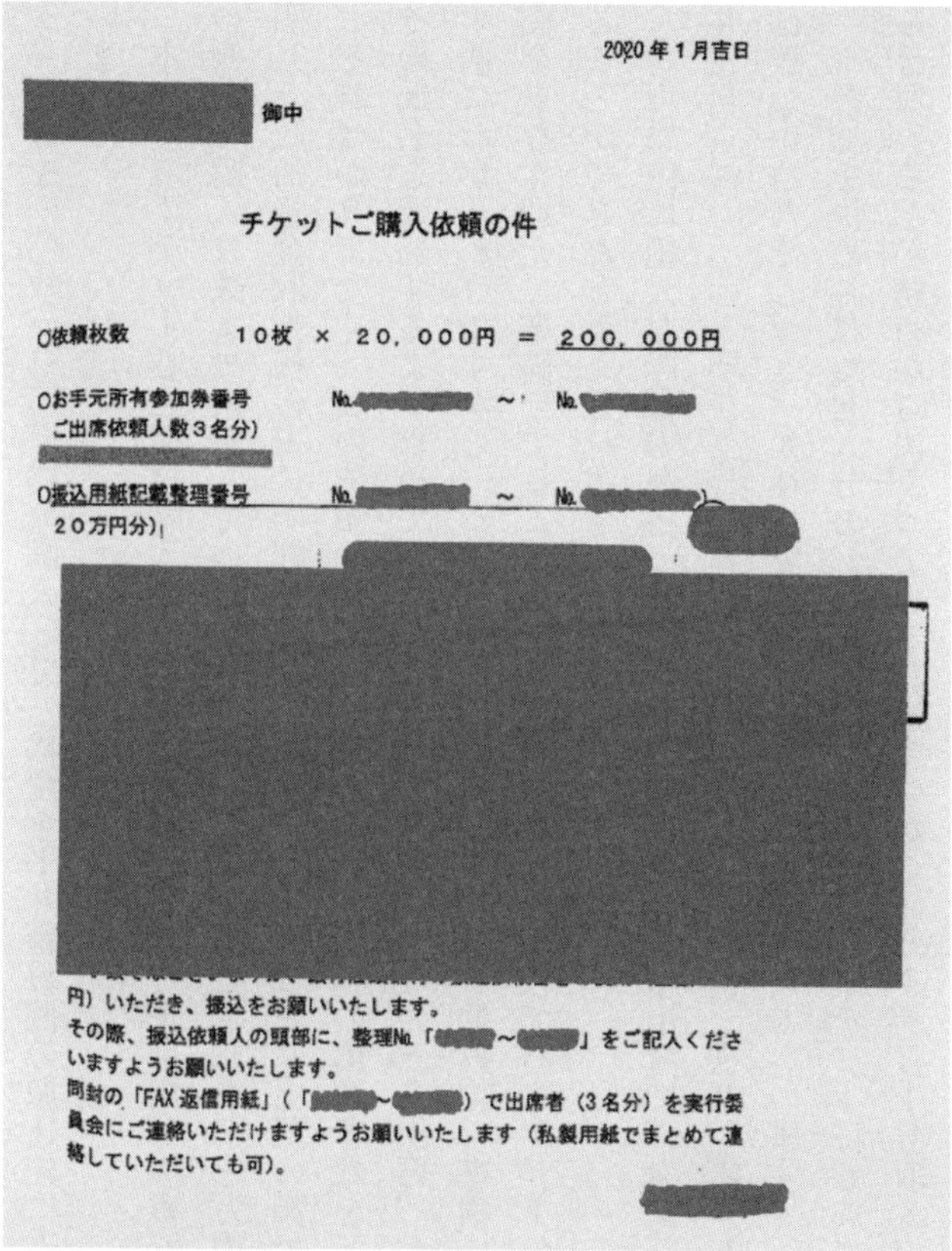

2020年１月吉日

[redacted] 御中

チケットご購入依頼の件

○依頼枚数　　10枚　×　２０，０００円　＝　２００，０００円

○お手元所有参加券番号　No.[redacted]　〜　No.[redacted]
ご出席依頼人数３名分）
[redacted]

○振込用紙記載整理番号　No.[redacted]　〜　No.[redacted]
２０万円分）

[redacted]

円）いただき、振込をお願いいたします。

その際、振込依頼人の頭部に、整理No.「[redacted]〜[redacted]」をご記入くださいますようお願いいたします。

同封の「FAX返信用紙」（「[redacted]〜[redacted]）で出席者（３名分）を実行委員会にご連絡いただけますようお願いいたします（私製用紙でまとめて連絡していただいても可）。

[redacted]

図１　平井卓也議員が支部長を務める政党支部の政治資金パーティー券購入の依頼状

ティー券を一〇枚、二〇万円分購入して、代金を平井議員側の振込先に支払うように記されていました。

本来、パーティー券を何枚購入するかは「依頼」された企業側が決めるものですが、政治家の側が、購入枚数まで指定しているわけです。ここで指定された二〇万円と言えば、先ほど説明した政治資金収支報告書に明細を記載しなくていいギリギリ上限の額です。

それればかりでなく、この依頼状はX社からパーティーへの出席者数を三名と勝手に指定し、その氏名を連絡するよう求めていました。議員側からすると三名出席、七名欠席ということが事前にわかるわけですから、パーティー会場の席や料理・飲み物の準備について、その分、金額を少なく抑えて準備をすることができます。これによってパーティーの「利益率」を高くすることができたと考えられます。

香川県内に絶大な影響力を持つ四国新聞社の経営者一家出身で、衆議院議員を七期務める平井議員(当時。二〇二四年現在は八期目)からの要求ですから、地元企業としては依頼を断ることは難しかったでしょう。X社は実際に二〇万円を支払ったといいます。

不参加を決められた七人分の一四万円については、パーティーに参加するという対価を受けられないことが初めから決まっているわけですから、パーティー券収入ではなく、事実上の寄付収入にあたると考えられます。

この話にはさらに続きがあります。依頼状が出された平井氏の政治資金パーティーは当初、二〇二〇年三月九日に行われる予定でした。しかし、コロナ禍によって二度にわたって開催日程が延期され、実際に開催されたのは同年一一月一四日でした。ところが、X社はパーティー券を購入していたにもかかわらず、延期の連絡は二度ともなかったというのです。資料を見る限り参加者には通し番号を打っていますから、平井議員側は出席予定者をすべて把握していたはずで、連絡をしなかったのは意図的だったとも疑われる状況です。

こうなると、当初は出席予定だった三人についても、政治資金パーティーに参加することで対価を得られる可能性がなかったことになりますから、X社から振り込まれた二〇万円全額が、政治資金パーティーによる収入とは言えなくなり、事実上の寄付収入だったことになります。寄付収入の場合、政治資金規正法では年間五万円を超えるものは寄付者の氏名などの明細を記載しなければなりませんが、平井議員の収支報告書には記載がありませんでした。これを受けて私は、二〇二〇年一一月に平井議員を規正法違反で高松地検に告発しました（ただし、同地検は不起訴にしましたので、私は高松検察審査会に「起訴相当」議決を求めて審査申立てを行いました）。

平井氏の例は内部文書によって実態が明るみに出た珍しいパターンですが、似たような手法は各所で横行していると推測されます。

私はこれまで多くの政治家の収支報告書を調べてきました。報告書に残された政治資金パーティーの記録をもとに、SNS上に公開された写真などの情報を照会していくと、ある程度デイティールがわかってくるものがあります。その中で、会場となるホテルの宴会場の収容人数がどう考えても一〇〇〇人や二〇〇〇人が限界なのに、パーティー券をその何倍もの数にあたる何千人分も売っているような例が散見されるのです。

政治家側はパーティーの開催日を決めて、関係者に案内を送った時点ではすでに会場を予約して押さえてあるはずです。ということは、最初からパーティー券だけ買って実際には参加しない人がほとんど、という前提で会場を押さえていることになります。

実際にはその収入のほとんどが寄付収入なのに、政治資金パーティー収入であることを「建前」とした政治資金パーティーの悪用が、半ば公然のこととして行われているのです。

政党から政治家個人への「寄付」

政治資金パーティーだけでなく、政治資金規正法には看過できない「抜け道」がもう一つあります。それが、政党から政治家個人への寄付です。この手法によって、実質的な「裏金」を合法的につくることが可能になってしまっています。

ここまで述べてきたように、政治資金規正法が収支の透明化を求めるのは、あくまでも政治団体が対象になっています。政治家が個人として誰とどんなお金のやり取りをしようと、その収支を報告する制度は、選挙運動費用収支報告書以外には一切存在しません。政治資金規正法では、個人では政治活動のための財布を持たない、という前提になっているからです。

政治資金規正法第二一条の二は、第一項で「何人も、公職の候補者の政治活動(選挙運動を除く。)に関して寄附(金銭等によるものに限るものとし、政治団体に対するものを除く。)をしてはならない」と定めています。「公職の候補者」とは、国会議員、地方議員、地方自治体の首長やその候補者のことを指します。この条文によって、個人も企業などの団体も、寄付をできる対象は政党や政治団体に限定されていて、政治家個人の政治活動のために寄付をすることは禁止されています。

ところが、この第二一条の二は、第二項でこんな例外規定を設けています。

「前項の規定は、政党がする寄附については、適用しない」

この項によって、寄付者が政党の場合だけは、政治家個人への寄付が許容されています。ここで言う政党とは、本部、支部の両方を含みます。

この条項を考えた人はよほどずる賢かったのだと思いますが、たった一行のこの規定が、政治資金規正法に大きな「抜け道」をつくってしまっています。重要なことなので繰り返しますが、政治資金規正法が収支について収支報告書への記載を求める対象は、あくまで政治団体です。つまり、政治家個人の収支は、収支報告が制度化されていないので、収支報告書そのものがないのです。ですから、政治家が政党からどれだけお金を受け取っても、どんなに巨額の支出をしても、市民はチェックできませんので、事実上のブラックボックスになってしまっているのです。

この仕組みを一番巧妙に使っているのが、政治資金を一番持っている自民党です。自民党本部は「組織活動費」「政策活動費」といった名目で、近年では幹事長ら一〇〜二〇人ほどの幹部に巨額のお金を寄付しています(ただし、自民党は、これは寄付ではない支出であると説明しています)。

金額は二〇一一年以降についてまとめた一覧の通りですが、歴代の幹事長は毎年数億円を受け取っていますし、選対委員長や党総裁、経理局長などに渡されている場合もあります。また、国政選挙が行われる年には金額が多くなる傾向があるようです。二〇一六〜二一年まで五年以上にわたって自民党幹事長を務めた二階俊博氏は二〇一七年と二〇一九年、一人で一度に一〇億円を上回るお金を受け取っており、幹事長が持つ権勢の大きさが推し量れます。合計すると毎年一〇億円から二〇億円もの大金が、自民党所属の国会議員たちに支払われているわけです（**表12**）。

これらのお金は、いったい何に使われたのでしょうか。これだけ多額の寄付ですから、本来ならば各国会議員の指定した資金管理団体で受け取ったことにして収支報告書に記載すべきなのですが、そのような運用は行われていません。議員個人の収支報告制度はありませんから、使途は一切不明です。個人で使ったのか、他の政治家に渡したのか、あるいは貯め込んでいるのかもわかりません。しかも、全額を政治活動に使ったということにすれば必要経費とみなされ、所得税などの税金もかかりません。いわば、事実上の裏金づくりが合法的にできる仕組みになってしまっているのです。

実は私は、この問題をかつて東京地検特捜部に刑事告発したことがあります。少し詳しく紹介しましょう。「株主オンブズマン」が自民党本部の「組織活動費」の支出を調査したところ、一九九八年に「組織活動費」約七〇億一三八七万円のうち五八億五〇七〇万円を各国会議員に対し支出していました。合計額で大口の受取人を紹介すると、加藤紘一議員に四五回計九億三

表 12　自民党本部の「政策活動費」名目での幹事長らへの支出額と受領議員数(2011〜22 年)

年	政策活動費支出(円)	受領人数	受け取った議員と合計金額(1 億円以上のみ)	国政選挙
2011	5 億 6670 万	18	石原伸晃 3 億 4750 万円(幹事長)	
2012	9 億 6510 万	19	石破茂 2 億 6000 万円(9 月から幹事長)	衆院選
			安倍晋三 2 億 5000 万円(10 月から**総裁**)	
			石原伸晃 2 億 0780 万円(9 月まで幹事長)	
2013	12 億 9080 万	14	石破茂 10 億 2710 万円(幹事長)	参院選
2014	15 億 9260 万	13	谷垣禎一 8 億 5950 万円(9 月から幹事長)	衆院選
			石破茂 5 億 1140 万円(8 月まで幹事長)	
2015	12 億 3920 万	22	谷垣禎一 7 億 880 万円(幹事長)	
			茂木敏充 1 億 5550 万円(選対委員長)	
2016	17 億　390 万	19	谷垣禎一 6 億 7950 万円(8 月まで幹事長)	参院選
			二階俊博 5 億 250 万円(総務会長，8 月から幹事長)	
			吉田博美 1 億 2000 万円(参院国対委員長，7 月末から参院幹事長)	
			茂木敏充 1 億 190 万円(選対委員長，8 月から政調会長)	
2017	19 億 1730 万	20	**二階俊博 13 億 8290 万円(幹事長)**	衆院選
			吉田博美 1 億円(参院幹事長)	
2018	12 億 1320 万	19	二階俊博 8 億 3270 万円(幹事長)	
2019	12 億 9010 万	18	二階俊博 10 億 710 万円(幹事長)	参院選
2020	9 億 8330 万	12	二階俊博 6 億 3200 万円(幹事長)	
			福井照 1 億 4150 万円(経理局長)	
2021	17 億 2870 万	26	二階俊博 4 億 3910 万円(9 月まで幹事長)	衆院選
			甘利明 3 億 8000 万円(10 月・11 月幹事長)	
			茂木敏充 2 億 4520 万円(11 月から幹事長)	
			関口昌一 1 億 3700 万円(参院議員会長)	
			遠藤利明 1 億 1650 万円(10 月から選対委員長)	
2022	14 億 1630 万	15	茂木敏充 9 億 7150 万円(幹事長)	参院選
			渡辺博道 1 億 3250 万円(経理局長)	

七一〇万円、森喜朗議員に二三回計四億一二一〇万円、橋本龍太郎議員に一一回計一億三二〇〇万円が支出されていました。しかし、それ以上の報告はなく、高額な「組織活動費」が具体的に何に使われたのかまったく不明のままでした。一九九九年も、「組織活動費」約六二億五六四一万円のうち四八億四七〇〇万円が各国会議員に対し支出しされていたのですが、まったく同様に具体的な支出は不明でした。

そこで、「株主オンブズマン」は、二〇〇〇年九月に自民党本部と「組織活動費」を受け取っていた各国会議員(二九四名)に対し公開質問状を出したところ、党本部からは「組織活動費は、党役員・党所属議員に目的を定めて支給されており、政策立案及び政策普及のための情報収集・調査分析、党組織拡大のためのPR活動等の政治活動に使われています」との回答を受け、国会議員からは回答がなかったので、翌年二月に、私も告発人に参加して、当時の自民党幹事長で会計責任者だった森喜朗衆議院議員を、最終的な支出先を記載していないとして政治資金規正法違反容疑で刑事告発したのです。

しかし、東京地検特捜部は「嫌疑なし」で不起訴にしました。検察は、政治家個人と資金管理団体などの政治団体は別人格であると判断したのだと思います。個人で受け取ったものを必ず資金管理団体に入れて報告しろとなると、寄付の強制になるから無理だ、ということなのでしょう。

一九九八～二〇〇四年について調査したところ、自民党本部が「組織活動費」「政策活動費」名目で幹事長ら国会議員に寄付していた金額は、前述の二〇一一年以降よりも、もっと高額で、たとえば二〇〇〇年は八五億円もあり（**表13**）、

表13　自民党の「組織活動費」「政策活動費」名目の支出（1998～2004年）

年	金額(円)
1998	58億5070万
1999	48億0470万
2000	85億0385万
2001	58億2051万
2002	45億6450万
2003	73億1780万
2004	34億4720万

※1999～2001年は資料が完全ではないため，若干金額に誤差がある

また、受領していた国会議員も前述したように同年は二九四名もいたのです。不起訴になったとはいえ、刑事告発したことの影響でしょうか、その後自民党本部は、寄付者を二〇名程度まで絞り込み、金額も減らしたのです。とはいえ、不起訴になったことで、結果的に、欠陥のある制度が温存されることになってしまいました。

以上のような合法的な裏金づくりは自民党本部に見られるばかりではありません。都道府県支部連合会などの各支部でも、「組織活動費」や「政策活動費」のほか、単なる「活動費」名目で地方議員らに寄付をしている支部が多数あるのです。北海道から沖縄まで裏金が全国に蔓延しているといっても過言ではない状態が続いてきました。

ところで、こうした一連の仕組みから連想されるのが、今回明るみに出た、自民党派閥の政

治資金パーティーを使った裏金づくりです。キックバックという形でしたが、政治家個人に対して、自由に使える「裏金」のようなお金を組織が配るという点では、「政策活動費」のシステムによく似ています。推察するに、党本部がこんなに美味しいことをやっているんだから、自分たちも派閥として集めたお金を所属議員に分配する仕組みが欲しいと思ったのではないでしょうか。

実際、キックバックを受け取ったとして逮捕・起訴された池田佳隆元文科副大臣の事務所は捜査に対し、「政策活動費」と認識していて政治資金収支報告書への記載は不要だと思っていた、と説明したといいます。やはり、派閥が党本部と似たような仕組みで「裏金」をつくろうとしていたことが推測されます。

自民党の派閥には六月に「氷代」、一二月に「餅代」と呼ばれるお金を所属議員に配る慣習があり、二〇二四年自民党本部が廃止を打ち出すまで続いていました。「お中元」や「お歳暮」のような儀礼的なものと説明されることもありますが、一回に配られる額の相場は一〇〇万円から四〇〇万円と言われていて、庶民感覚からすれば過剰すぎるほどの大金です。多くの場合、「氷代」「餅代」は裏金ではなく、政治資金収支報告書上は派閥の政治団体から各国会議員の政治団体への寄付として記載されていますが、過去には森派（現在の安倍派）で不記載が指摘されて問題になったこともありました。

このように、派閥から所属議員にお金を配る仕組みはすでに存在しているにもかかわらず、さらに、「裏金」という形で金銭を求めたのが今回明るみに出たパーティー券問題と言えるわけで、政界にはびこる腐敗の根深さを実感させられます。

自民党による前述の合法的な裏金づくりをやめさせるにはどうしたらよいのか。これについての答えはシンプルで、政党から政治家個人に寄付ができるという例外を認めた政治資金規正法第二一条の二第二項を削除する法律改正をすればいいのです。政党から政治家個人への寄付を禁止し、政党が政治家に寄付する場合はすべてその政治家の資金管理団体に寄付して収支報告書に記載しなければならないことにすれば、少なくともお金の流れを透明化することができるはずです。

政治家が多くの政治団体を持つ理由

多くの国会議員は、自身に紐づけられた「国会議員関係政治団体」以外にも、後援会関係者などを代表とした「その他の政治団体」を持っています。よく見られるのは「○○後援会」といった名称の団体で、一つだけでなく複数持っていることもあります。

本来的な意味での後援会というのは支援者が勝手連的に立ち上げたもので、運営について政治家本人のコントロールが直接及ばないものであるはずです。しかし現状では、国会議員自らが後援会を立ち上げて、自らが代表になっている政治団体(多くの場合、資金管理団体)があるほか、名目だけ別人を代表者にして事実上、自分の支配下に置いていると推測される例が数多くあります。

何のためにそのようなことをしているかと言うと、幾つか考えられる理由があります。一つは政治資金の受け皿を複数つくっておくことが便利だという理由です。通常、国会議員であれば、政党の選挙区支部長になり、党本部から政党交付金という税金を受け取り、企業または労働組合などから政治献金を受け取りますので、政治団体は必要ないように思われますが、選挙区支部であっても、政党の支部である以上、政党のために政治資金を支出しなければならないので、政治家は個人としての政治活動のために資金管理団体などの政治団体を別に持ち、政治資金を集めて支出するのです。もちろん、これは建前です。

その結果、支部長の地位を利用して、選挙区支部で受け取った政治資金を資金管理団体に寄付して流せば、資金管理団体が本来受け取れない政党交付金や企業献金を事実上受け取れてしまうのです。

政治家が複数の政治団体を有する別の理由としては、支出の透明度の一番高い「国会議員関係政治団体」が支出の明細を収支報告書に記載する義務を免れるためです。

「国会議員関係政治団体」のお金の流れを追っていて、なぜこんなところに多額の寄付をしているのだろうと思って調べてみると、寄付の相手はその議員が持っている「その他の政治団体」だったということもよくあります。

第2章で述べたように「その他の政治団体」は「国会議員関係政治団体」よりも政治資金規正法で定められた支出の公開についての透明度が低くなっています。「国会議員関係政治団体」は人件費を除く経常経費と政治活動費につき、一万円を超える支出について政治資金収支報告書に明細の記載が求められるのに対し、「その他の政治団体」ならば、政治活動費につき五万円以上の支出についてのみ明細を記載すれば済みますし、経常経費については明細を記載する必要がありません。その上、「その他の政治団体」は会計について登録政治資金監査人による監査を受ける必要もありません。

このような制度になっているため、「国会議員関係政治団体」で集めたお金をわざと「その他の政治団体」に移してから使うことで、お金の使い道について市民のチェックの目を免れることができてしまいます。国会議員が複数の「その他の政治団体」を持っているのは、こうした目的に使うためとも考えられます。

実際に政治資金収支報告書を調べていくと、このようなお金の流れが散見されます。たとえば、自民党の茂木敏充幹事長の資金管理団体の「国会議員関係政治団体」が自身の後援会である「その他の政治団体」に政治資金を寄付し続けており、二〇〇八〜二二年の総額が四億七九四〇万円に上り、後援会の支出の九割強は明細がなく、大半の使い道が見えない状態であると報道されました。

同様の政治資金の移動は、新藤義孝経済再生担当大臣、小泉龍司法務大臣、棚橋泰文元国家公安委員長の政治団体でも判明し、報道されました。「国会議員関係政治団体」の存在意義を骨抜きにし、説明責任を果たす気がないのでしょう。詳細な収支報告をしたくない何らかの理由があるとしか思えません。

寄付の上限額の定めにも抜け道が

政治資金規正法が定める寄付の上限にも、「抜け道」が存在します。

第2章でも述べましたが、政治活動のための寄付については、政治資金規正法で年間の限度額が定められています。例えば個人から政治団体に対しての寄付は、同一の受領者に対して年間一五〇万円までと決まっています。

しかし、先ほど述べたように多くの国会議員が複数の政治団体を持っていることにより、容易にこの規制をすり抜けられるようになってしまっています。

たとえばある資産家が個人として知人の国会議員に四五〇万円の寄付をしたいと思った場合、一五〇万円の上限規制に引っかかりますから、それ以上の寄付をすることはできません。しかし、この議員と相談した上で、議員が持つ三つの政治団体に一五〇万円ずつ寄付すれば、「同一の受領者」への寄付は一五〇万円を超えていませんから、合法になります。これではわざわざ上限額を決めて規制している意味がありません。

上限規制をすり抜ける手法には他に、迂回献金があります。

先ほどの例は個人から政治団体への寄付の場合でしたが、政治団体から政治団体に寄付をする場合、同一の受領者に対してできる寄付は年間五〇〇〇万円までと定められています(ただし、寄付の受領者が政党か政治資金団体の場合は無制限)。

ある業界の政治団体Aが、懇意にしている政治家の政治団体Bに五〇〇〇万円の寄付をしたとします。この時点で年間の上限額に達してしまっているので、ＡはＢに対して年内にそれ以上の寄付はできないはずです。

ところが、Ａが同じ業界関係者でつくったＣという政治団体にもう五〇〇〇万円寄付をして、今度はＣからＢに寄付をすればどうでしょう。あくまで表面上は、どの団体も上限規制を破っていません。お金の流れに別の政治団体を嚙ませて迂回することによって、結果的にはＡからＢに対して上限額を超えた一億円の寄付ができてしまうわけです。

迂回献金は二〇一五年に発覚した「日歯連事件」の際にも明るみに出ました。日本歯科医師会の政治団体である日本歯科医師連盟が、自分たちの支援する二人の議員に対して法定上限の五〇〇〇万円を超える額を寄付していたのですが、これをごまかすために、五〇〇〇万円を超過した分については他の団体に寄付し、その団体から各議員に対して寄付があったように見せかけていたのです。この件では、最高裁で日歯連の元会長と元副理事長に対する有罪判決が下されています。

日歯連事件の場合は、捜査機関が入手した内部文書などによって迂回献金の意図があったことが明らかになったため、このような判決になったと思われますが、証拠がなければ「別の団体への寄付はたまたまで、迂回して議員に渡す意図はなかった」などと言い逃れができてしまう可能性もあります。これも、制度上の欠陥と言えるのではないかと思います。

コロナ禍を逆手にとった脱法「オンラインパーティー」

政治資金パーティーについて、政治資金規正法では一回のパーティーの収入が一〇〇〇万円を超えるものを「特定パーティー」と呼んで、収支や大口の寄付者などの情報を政治資金収支報告書に記載しなければならないと定めています。

コロナ禍の時期に「オンライン飲み会」が流行ったことがありました。これと同じように、オンライン上で会費を徴収して実質的な政治資金パーティーを行った場合、これは果たして政治資金規正法が定める政治資金パーティーに当たると言えるでしょうか。政治資金規正法がつくられた時代には大人数のオンライン会議を実現するような技術はなかったわけですから、明確な規定はありません。この〝法の隙間〟を突くかのように、新手の資金集めの手法として、「オンラインパーティー」による政治資金集めも行われています。

参議院議員の武見敬三氏が代表を務める政治団体「敬人会」は、コロナ禍の二〇二一年に四回の政治資金パーティーを行いました。「敬人会」の収支報告書に会自体の記載はあるのですが、政治資金収支報告書が定めているはずの、二〇万円を超える大口の寄付者の明細が記載されていません。一方、「東京都医師政治連盟」や「日本医師連盟」などの政治団体の収支報告書を見ると、「パーティー券購入」などの名目で敬人会に対して支出していることが記録されています。その額は少なくとも一〇〇〇万円を超えていました。

これは、武見氏側の政治資金規正法違反（不記載）ではないのか。このことを報じた週刊新潮の取材に対し、武見氏側は、これらのパーティーはウェブ配信で行ったものなので政治資金規正法が定める政治資金パーティーではなく、「その他の事業」として収支報告書に記載している、という趣旨の説明をしたのです。パーティーの様子を動画で配信したり、録画のDVDを配ったりしたようです。

敬人会の開いたオンラインパーティーが政治資金パーティーに当たるのかどうかですが、たとえ対面でパーティーを開いていないにしても、参加者からは政治資金パーティーの一般的な相場と同じ二万円の会費を徴収していたので、実態としては政治資金パーティーそのものです。むしろ、ホテルで行うパーティーと違って会場の使用料や飲食の経費もかからないのですから、利益率としては対面のパーティーよりも高くなっています。

にもかかわらず、本来、報告書への記載が求められるべき大口会費支払者の情報を記載しないのは、政治資金の透明化を図る政治資金規正法の趣旨から考えても認められない悪質な主張です。

二〇二三年九月から厚生労働大臣を務める武見氏は二〇二四年一月、会見でこの件について問われ、当初は政治資金パーティーとして申請しようとしたが、総務省から「(オンライン開催のため)パーティーの定義に見合わない」と指摘を受け、「その他の事業」として報告したと説明。「違和感を感じたが、それ以外に方法がなかった」と述べました。

しかし、説明責任を果たす気があれば、高額な会費を支払った者の明細を収支報告書に記載すべきでした。政治資金規正法が義務づけていること以上に説明責任を果たすことは違法ではないからです。

「裏金」は何に使われているのか

ここまで見てきたように、政治家たちは今回問題になった自民党派閥の政治資金パーティー以外にも、法の隙間を突いた様々な手法で「裏金」をつくっています。しかし、「裏金」はどんな目的に使われているのでしょうか。

結局、使途をチェックする術がないので真相はわからないのですが、常識的に推測すると、考えられる使い道は大きく二つに分かれると思います。

一つは、政治活動には使わず、自らの懐に入れ、ポケットマネーにしてしまっている場合です。プライベートの食事で高級なレストランに行った際に使ったとか、夜の街で豪遊するために使った、といったケースもこちらに入るでしょう。

このような、本人がプライベートで使うために得たお金は所得にカウントされますから、本来ならば確定申告の対象となって、所得税や住民税を収める必要があるはずです。そうした手続きを踏んでいないとしたら、脱税にあたるでしょう。ただ、本人たちはあくまでも「全額を政治活動に使った」と主張するでしょう。使途が明らかにならない限りは誰もそれをチェックできません。本来は税務署が政治家に対しても容赦なく調べてくれればいいのですが、これまでの歴史を見る限り残念ながら期待できません。

使途としてもう一つ考えられるのは、政治活動や選挙に使ってはいるものの、もし収支報告書に記載したら批判を浴びるような後ろ暗い使い方をしている場合です。選挙のための買収であったり、その一歩手前の違法な寄付であったり、といったことが行われている可能性は排除できません。

最近でも、二〇一九年の参院選を舞台に、自民党の河井克行元法相と妻の案里参議院議員が地元議員らに現金を配っていたことが発覚し、公職選挙法違反で逮捕・起訴された大規模買収事件がありました。河井氏は一〇〇人に計二八七一万円を配った加重買収などの罪、案里氏は県議四人に計一六〇万円を渡した買収の罪で、いずれも有罪判決が確定しています。

河井夫妻側には自民党本部から選挙資金として一億五〇〇〇万円が提供されており、このお金が買収費用に使われたのではないかという疑惑を呼びました。一方、河井元法相は裁判で「手持ち資金を使った」と証言しています。

配ったお金が政治家の「手持ち資金」だった場合、この支出については配った側の収支報告書に記載する義務がありませんから、比較的簡単にお金をばら撒くことができてしまいます。「手持ち資金」といっても、その原資が自民党幹事長などの党幹部が掌握する「政策活動費」などであった可能性も考えられますが、先に説明したように「政策活動費」はどのように使われたのかチェックしようがありませんから、真相はわかりません。もちろん、前述した内閣官房報償費(機密費)が投入された可能性もあります。

こうした選挙をめぐっての「買収」に当たるか、その一歩手前のような手法は、他の議員の間でも横行していることが推測されます。

自民党の柿沢未途《みと》元法務副大臣は二〇二三年四月にあった江東区長選で、自身が応援する木村弥生氏(事件を受け辞職)を当選させる目的で地元区議ら一〇人に計約二八〇万円を提供したなどとして、公職選挙法違反(買収など)の罪に問われました。二〇二四年三月には有罪判決が確定しています。

この時は統一地方選で江東区長選と江東区議選が同日に行われており、柿沢氏は区議選の「陣中見舞い」の名目で区議らに現金を配ったと説明していたのですが、東京地検は実質的には木村氏への支援を促すための買収だったと見て、柿沢氏を逮捕しました。

この事件はやや複雑ですが、柿沢氏が自分自身や自分が応援する候補、この場合は区長選の候補だった木村弥生氏の当選を得るために選挙区内の有権者や選挙運動をする人にお金を配ってしまったら、これは買収になります。ところがそれとは別に、区議選に立候補する候補者に「陣中見合い」を配ることは買収とはみなされず、選挙区内の地盤を固めるための「政治活動」として認められているのです。

区長選と区議選が同日だったこともあってわかりにくい構図になっていますが、柿沢氏が配ったお金に「木村氏の選挙応援もよろしく頼む」という意味合いが含まれていたならば買収になるわけで、そもそもそんな微妙なタイミングでお金を配っていた時点で弁明の余地はないでしょう。

グレーゾーンの「陣中見舞い」

前述の件は「買収」とみなされて刑事事件となりましたが、このように国会議員が「陣中見舞い」などの名目で地元の地方議員にお金を配る行為は普段から行われています。基本的には政治資金収支報告書に記載をしたうえで行われる「表」のやり取りですが、中には収支報告書に載らない裏金がやり取りされている可能性も否定できないと思います。先述の柿沢氏の例を見てもわかる通り、どこからが買収に当たるのかグレーゾーンの部分も大きいですから、こうした「陣中見舞い」自体を規正すべきなのではないでしょうか。

ちなみに、買収というのは立証のハードルが高い犯罪なので、公職選挙法ではその一歩手前の対策として、選挙中以外の期間も含めて、自分の選挙区内の有権者に財産的な価値のあるものを配るのを禁じています。

ところが、このルールはたびたび破られて問題になります。選挙区内の有権者に自身の名前とイラストの入った「うちわ」を配っていた松島みどり元法相や、メロンやカニなどの高級品を配っていた菅原一秀元経産相などの例が記憶に新しいかと思います。小渕優子元経産相は、地元名産の下仁田ネギや姉が経営するブティックの子ども服を政治資金で購入して贈答品として送っていたことが問題視された際に、「私の選挙区内には送っていません」と弁明していました。仮にそうだったとしても、お世話になった方への贈り物ならば政治資金ではなくポケットマネーから出すべきであって、道義的な問題は残るでしょう。

このように、「買収一歩手前」の行為はあちこちで行われています。こんな現状を正そうともせずに「政治にはお金がかかる」と言うのであれば、そんな主張はまったく聞く必要がないと思います。

自民党総裁選で使われている？

「裏金」の使い道に話を戻すと、他に可能性として考えられるのが、自民党の総裁選をめぐる多数派工作に使われているのではないかということです。

自民党は、代表である総裁を選出する内規を定めており、それを「総裁公選規程」「総裁公選実施細則」と呼んでいますが、自民党は国家機関ではありませんし、総裁は公職者ではありませんので、総裁選は「公選」ではなく「私選」なのです。一方、公職選挙法は、公職者を選出する選挙について定めている法律ですから、当然のことですが、総裁選には適用されません。総裁選で買収やそれに近い行為があったとしても取り締まることができないわけです。となると、国会議員同士がため込んだ裏金を水面下でやり取りしている可能性も考えられます。また、自民党総裁選は国会議員票だけでなく党員・党友による地方票も重要になりますから、自民党の地方議員や元議員ら有力関係者などに対してお金を配って自派に引き入れるような行為がなされている可能性があります。

現在の自民党は総裁を応援した側の派閥に入っているかどうかで議員の出世が決まってしまうようなところがありますから、裏で札束が飛び交っていても不思議ではありません。現に、そう証言する自民党関係者もいて、報道でその証言が紹介されました。そう考えると、そもそも自民党に派閥と総裁選があることが、「政治とカネ」の問題を生んでいる根本的な原因の一つのようです。

安倍派のパーティー券疑惑を受けて、裏金の用途について「私設秘書のボーナスに当てていた」という関係者の証言が一部で報道されていました。「やはり政治にはお金がかかるから仕方がないのだ」と言わんばかりの報じ方でしたが、もし本当に私設秘書にボーナスを出していたならば、自身の政治団体から出費したうえでその明細を政治資金収支報告書に記載するべきでしょう。なぜ、裏金で処理する必要があったのか理解できません。もし「闇手当」のような形で出していたとしたら、受け取った秘書側は確定申告できちんと所得として申告していたのか。この辺りもきちんと調べてほしいと思います。

戦後の一時期までは、「井戸塀政治家」という言葉がありました。政治家が国事に奔走するあまり私財を投げうち、屋敷も失い、残ったのは井戸と塀ばかりという状態を表現したものです。政治は財産に余裕のある層が行う一種の名誉職である、という考え方がかつては存在していたことがわかります。

いま永田町を見回して、そんな政治家が果たしてどれくらい存在するでしょうか。もちろん富裕層だけが政治家になれるようなかつての社会も決して手放しでは肯定できませんが、国会議員をしているだけで裏金を含む巨額のお金がどんどん入ってくるような現在の仕組みの異常さに、私たちは早く気づくべきではないでしょうか。

第4章 金権政治を加速させてしまった90年代政治改革

中途半端に終わった政治資金規正法の改正

なぜ、政治資金規正法は「抜け道」だらけになってしまっているのか。なぜ「政治とカネ」の問題はなくならないのか。一九九〇年代に行われた政治改革には本音と建前があり、建前の方は、結局は失敗だったのだと言わざるを得ません。ここで当時の政治改革について振り返ってみたいと思います。

第2章でも述べたように、一九八八年に「リクルート事件」が、その四年後の一九九二年には「佐川急便事件」が発覚するなど、この時期、政界で大きな疑獄事件が相次ぎ、「政治とカネ」の問題への対策も含めた抜本的な政治改革が必要であるとする世論が盛り上がっていきました。

そんな状況下で一九九三年に誕生したのが、非自民・非共産八党の連立政権である細川護熙内閣です。一九五五年の結党以来、一貫して与党の地位にあった自民党を下野させたわけですから、政治資金規正法の「抜け道」をふさぐ最大のチャンスが到来したと言っても過言ではありませんでした。

しかし、自民党が掲げた「政治改革大綱」には、政治資金規正法の改正だけではなく、衆議院議員の選挙制度をそれまでの中選挙区制から小選挙区比例代表並立制に変えることが含まれていて、いつの間にか、「政治とカネの問題が起こるのは選挙制度が悪いから」という、選挙制度をめぐる議論に話がすり替えられていきました。多様な民意の切り捨てにつながる選挙制度改革には、与野党の間で根強い反対があり、細川内閣が提出した政治改革法案はいったんは参議院で否決されました。ところが、一九九四年一月二九日未明に、当時の細川護熙首相と河野洋平自民党総裁のトップ会談が行われ、政治改革法案は一転成立することになりました。成立した政治改革関連四法案は、政治資金規正法の改正に加え、衆議院に小選挙区選挙中心の並立制を導入し、政党に政党助成金を交付するという内容でした。

まず、肝心の政治資金規正法の改正がどのようなものだったかという点から見ていきます。

リクルート事件や佐川急便事件で政界と経済界との癒着が問題視されていましたから、この時の改正の焦点は、企業献金の禁止でした。しかし、完全な禁止に対しては自民党を中心に反発が根強く、度重なる与野党協議の結果、企業や労働組合などからの寄付は、政党と政治資金団体に対しては認められるものの、政治家個人の資金管理団体に対しては年間一五〇万円までを限度とすることになりました。そして、政党への企業献金のあり方についても五年後に見直すという付則がつけられました。

五年後の一九九九年、政治家個人の資金管理団体への企業や労働組合などからの献金は禁止されましたが、結局、政党に対する献金は禁止されないまま現在に至っています。

それでも、企業などからの寄付ができる対象が政党に限定されたわけですから一定の成果があったのかと言うと、そうとも言えません。第3章で見てきた通り、政治資金パーティーという手法を使うことで、政治家個人の政治団体に対しても事実上の企業などの献金が可能になっています。本来ならば政治資金パーティーに対しても、企業などがパーティー券を購入できないようにするなど、何らかの制限を導入すべきでした。

また、企業が政治団体に寄付することを禁止しても、政治団体の代表が支部長を兼ねていれば、選挙区支部で企業献金を受け取り、自らが代表を務める政治団体にそれを寄付すれば、政治団体も事実上企業献金を受け取れてしまうのです。政党支部を迂回した企業献金です。

「泥棒に追い銭」の政党助成金

一九九四年の政治改革は、企業献金という腐敗の温床を断つことができなかったばかりか、国会議員に新たな財源を与える大盤振る舞いをしてしまいました。それが「政治改革四法」のうちの一つ、政党助成法による政党交付金の導入です。

この制度は、国民一人当たり二五〇円として、それに総人口をかけた金額を毎年、政党交付金として税金から拠出し、各政党に分配するというものです。ロジックとしては、政治改革によって企業献金が制限されることになるので、それによって政党の資金が枯渇しないように、税金で面倒を見ようということです。これによって企業と政治家との癒着がなくなるということで、導入当時は「国民一人当たりコーヒー一杯分で、きれいな政治が実現する」と喧伝されていました。

ところが先ほど述べたように、企業献金は事実上容認されたままになりましたので、結果としてかつての財源も温存しながら、政治家たちの新たな収入源をつくってしまったことになります。当時、自民党の実力者であって脱税事件で逮捕された金丸信元副総裁ですら、政党交付金について「そんなものを導入したら「泥棒に追い銭」になる」と言って反対していました。彼は自民党の金権体質がよくわかっていたのでしょう。

二〇二三年の政党交付金の総額は、九つの政党に対して総額三一五億円余り。各政党の金額は、すでに説明したように議席数割と国政選挙での得票数割で決まります。最大の自民党は一五九億一〇〇〇万円、野党第一党の立憲民主党は六八億三二〇〇万円、日本維新の会は三三億五一〇〇万円……と、かなり大きな金額が毎年四回に分けて政党に支払われています。なお、日本共産党は政党助成制度に反対しているので、政党交付金の受け取りも拒否しています。

政党交付金の存在が政党にとっていかに大きなものかと言うと、たとえば自民党が得ている収入の額はなんと、日本がバブルの好景気に沸いていた一九八〇年代後半と比べても多くなっています。一九八六〜一九八九年の自民党の政治資金収入(「前年からの繰越金」及び借入金を除く)の平均は、二〇六・一億円。一方、二〇一八年から二〇二一年の平均は二四八・一億円ですから、バブル時代よりも現在のほうが収入は増えています。政党交付金のおかげで、世間が不景気になっても自民党だけは「バブル状態」が続いているとも言えます。これでは、一般の国民の苦しみが理解できるとは思えません。

政党交付金には違憲の疑い

私は、政党交付金制度は違憲だと考えています。

たとえば、政党交付金を受け取れる政党というのは政党助成法で定義されていて、国会議員が五人以上所属しているか、国会議員が一人以上所属していて全国の選挙で二％以上の得票率を得ているか、しなければなりません。これらのいずれかを満たさない政党や無所属の国会議員は政党交付金をもらえないわけですから、少数者が不当に排除されていることになります。明らかに、憲法第一四条の定める平等原則に反しています。

そもそも、なぜ五人以上ならばお金がもらえて、四人では駄目なのか。そこに合理的な線引きがあるとは思えません。無所属の議員も選挙で選ばれた国民の代表に違いないのですから、差別的な扱いをしてはいけないはずです。結局、政党交付金は既存の政党が自分たちだけに都合が良いようにルールを定めた特権になってしまっているわけです。百歩譲って政党助成制度を存続させるとしても、少数政党や無所属の国会議員を排除しない仕組みになるよう法改正すべきです。

さらに言えば、憲法第一三条の自己決定権にも反しています。私たちが選挙で投じる一票は、自分たちが政治家にしたい候補者のために投じているわけです。しかし、たとえば、本来は与党の候補者を応援しているけれど、今回はちょっとお灸をすえるためにあえて野党の候補者に投票しよう、という場合もあるでしょう。野党にお金まではあげたくないと思っていても、自分が投じた一票の分は政党交付金の配分基準では野党にカウントされてしまいます。自分の投票が自身の政治的な立場に反して政党交付金に利用されてしまうことを拒否できません。これでは投票者の自己決定権が侵害されているわけです。

ここでも同じく百歩譲って政党助成制度を維持するという場合、選挙とは別に、政党交付金の配分先を決める投票を実施するのならば、今よりはまだよいでしょう。ただし、そもそも政党助成制度が必要ないと思っている人は投票自体を拒否したいはずですから、有権者の過半数が棄権したら政党助成制度を廃止する、というルールにしてもらいたい。つまり、政党の資金を本当に税金で支えるべきなのかどうか、国民の手に決定権を返してほしいんです。

憲法第二一条の結社の自由も侵害されています。結社の自由は憲法で保障された権利ですが、自由である以上はお金集めも原則として自分たちでしなければなりません。そこに不当なお金が入り込んでしまうことによって、その結社の本質が変わってしまいます。今回の場合で言うと、政党に税金が投入されることで半分国営のような団体になってしまうわけですから、これは自律権の侵害と言えます。

このような意見に対しては、自律権に基づき政党交付金の受け取りを拒否すればよいだけのことで、自ら進んで政党交付金を受け取ろうと決めたのだから自律権の侵害ではないと思う国民もいるかもしれません。これに関しては、政党交付金は一種の「麻薬」だと考えるとわかりやすいと思います。当人たちがよいと思っていても、それは政党をむしばんで、本来のあり方を歪めてしまっているわけです。

実際、ドイツでは政党助成制度について、六〇年代に違憲判決が出ています。日本国憲法がつくられる時にも、政党交付金のような制度を導入したらどうか、政党条項をつくったらどうかという議論があったのですが、そうした制度自体がよくない、ということで退ける国会答弁がなされています。

もう一つ、政党助成制度の問題点は、政党交付金があるために野党が必要以上に多党化してしまうことです。かつて、細川護熙氏を中心に、当時の新進党から分かれた人たちで「フロム・ファイブ」という小政党が結成されたことがありました。一九九七年一二月二六日に結成され、所属議員は五人。ここからは推測ですが、「フロム・スリー」や「フロム・フォー」ではこの政党はできなかったのではないかと思います。議員が五人以上集まることで、政党交付金をもらえる条件を満たすからです。年末ぎりぎりに結成されているところも意味があって、政党ごとの政党交付金の金額は一月一日時点で算出されますから、年内に「駆け込み」で結成する必要があったとも想像できてしまいます。

新しいところでは、二〇二三年一二月二一日、元国民民主党の前原誠司衆議院議員が記者会見し、自身を代表とした新党「教育無償化を実現する会」の設立を発表しました。所属国会議員は同じく国民民主党を離れた四人と前原氏の計五人。やはり、二〇二四年分の政党助成金をもらう条件を満たしています。このように、年末になると新党が結成されるのは、年の瀬の風物詩と化している感があります。

こうした例を見てもわかる通り、議員が五人集まれば政党助成金をもらえるわけですから、国民の間にこういう党が必要だという声がなくても、政党内部の内輪もめなどのちょっとしたきっかけで新党がつくられることで、必要以上に多党化してしまいます。本当に必要だという民意があって野党が多党化するのならよいのですが、民意とは関係なしに政党ができてしまうこと自体が健全ではありません。これに小選挙区制が加わることで、野党同士が共倒れになり、結果として与党を利することになる。「一強多弱」が続く政治状況を生む原因にもなっています。

国会議員を「資金中毒」にした政党交付金

このように様々な害がある政党交付金ですが、野党からも廃止論が盛り上がらないのは非常に残念なことです。

そもそも一九九四年に政党助成金が導入された時には、助成金の額は政党の前年の実収入の三分の二以下にするという上限規定が設けられていました。ところが一九九五年、自民党・社会党・新党さきがけの連立政権だった村山富市内閣のときに、この上限すら撤廃してしまいました。当時は与党だった社会党も、自民党と一緒になって自分たちの利益を優先したのです。

現在の状況を見ても、旧民主党系の立憲民主党や国民民主党、それにあれほど「身を切る改革」と言っている日本維新の会も、政党交付金を廃止するつもりはないようです。日本維新の会は「企業献金を受け取らない」と、清廉潔白に聞こえるようなことを標榜しているのですが、政治資金パーティーは他の政党と同じようにやっています。つまりパーティー券収入の形で事実上の企業献金を受け取っているわけで、まったくの看板倒れと言わざるを得ません。

政党交付金については唯一、共産党だけは受け取りを拒否し続けているうえ、廃止法案も提出しているのですが、他党の協力が得られない以上、成立する可能性はゼロに等しい。先ほど私が提言したように、せめて制度の存廃について直接投票などで国民が判断する機会をつくってほしいものです。

これは余談ですが、共産党は政党交付金の受け取りを最初から拒否していますので、交付金は、法律上共産党が受け取れた分も含めて各党で山分けされています。かつて「二院クラブ」という小政党があって、この党は一時、自分たちの分の政党交付金の受け取りを決定する手続きをとりながら、交付を受ける請求手続きをしなかったので、二院クラブの交付金は国庫に返還されていました。

共産党と二院クラブの手続きの違いをわかりやすく表現すれば、共産党の分は他党が受け取り、二院クラブの分は、他党が受け取らず国庫に戻されるのです。

さっき「麻薬」のたとえを出しましたが、国会議員、特にもっともお金が集まりやすい自民党議員は一種の「資金中毒患者」になっているのだと私は思います。すでに仕事や生活のために十分すぎるほどのお金をもらっているのに、「もっとお金がほしい」と考えて、次なる利権を探し求めてしまう状態です。

お金を儲ける最大のポイントは、与党でいることです。政党交付金もそうですし、企業献金にしても本質は「形を変えた賄賂」なのですから、企業にとっては野党に対して出してもさしたるメリットはありません。自民党は二〇〇九年の衆院選で敗れた際に約三年間にわたって野党を経験していますから、その時に閑古鳥が鳴いてしまったことで実感したのだと思います。

自民党自体が魅力的だからではなく、与党だったから人や企業、そしてお金も集まっていたのだ、と。

そうすると、与党であり続けること自体が政治家をしている目的になってしまって、国民のための政党という意識がどんどん薄れていきます。国民のための政治を行ったり、国の進路を考えたりといった本来の業務が見えなくなってしまう。そればかりか、選挙に勝つために買収のような違法なことや、その一歩手前のようなルール違反も平気でやってしまうようになります。

ちなみに、自民党は党員がどんどん少なくなっていて、九〇年代初めに五四七万人いた党員が、二〇一二年には七三万人台まで下がっています。二〇二三年には一〇九万人まで持ち直していますが、それでも往時の五分の一程度です。

かつての自民党は「総合病院」とも言われていました。市民の間には、「あそこに相談に行けば、何かしら助けてくれる」というようなイメージがあったわけです。当時の自民党議員が清廉潔白な人ばかりだったわけでは決してないでしょうが、高度成長期からバブル崩壊くらいまでにかけての日本にはまだ余裕があったので、政治家たちが私腹を肥やしてもなお、国民にもそれなりの利益を分配することができていたのです。

しかし、今のように国の停滞が長く続いている中で政治家だけはうるおっているとなると、国民にとって政治家は単なる「お荷物」でしかなくなります。まして、自民党政治家は官邸の顔色ばかり気にするようになり、国民の方を向いていない。アメリカの戦争に協力するために防衛費を増やす一方、福祉国家政策なんてやるつもりはない。自己責任の新自由主義で行くとなれば、もはや「総合病院」どころではない。自民党に頼っても庶民はどうせ切り捨てられるのであれば、党員数が減るのも何ら不思議ではありません。

ところが、どれだけ党員が減っても、自民党議員は与党の座を絶対に手放したくない。選挙で勝ち続けたいわけです。国民に痛みを強いて、どんどん福祉サービスをカットして、個人からの寄付が集まらなくなっても、政党交付金もあるし、企業献金もある、パーティー券で収入が得られる。財政的にはまったく困りません。私から見ると、わざわざ国民に痛みを強いる政党に、国民が頑張って働いて納めた税金から政党交付金を払うなんて、踏んだり蹴ったりな構図です。

中毒患者に必要なのは「禁断治療」です。彼らにとっての「麻薬」となっている企業献金を禁止するなどして資金源を断つべきなのです。それなのに、政党交付金という形でわざわざ国民の税金を投入して、それまで以上に「お金まみれ」にしてしまった。これまでも様々な「政治とカネ」の問題を引き起こしてきた人たちに対して、さらにお金をあげることで金銭問題がなくなる、という理屈は考えてみたら奇妙なものです。しかし、導入当時の世論はそこをよく詰めないまま「コーヒー一杯分で、きれいな政治」といったキャッチフレーズに国民も騙されてしまいました。

あるいは、「企業献金は五年後になくす」という政治家たちの空約束を信じて、その穴埋めに政党助成金を導入するのも仕方ない、と考えた人もいたことでしょう。結局、様々な「抜け道」が考え出されたことでその約束は骨抜きにされ、企業献金と政党交付金の二重取りを許す形になってしまった。極端な話、泥棒に法改正を任せてしまっているようなものですから、資金中毒患者が両方もらい続けるような仕組みをつくるのはある意味当然です。

こうして、本来あるべき方向と真逆の改革がなされてしまったことが、今日まで「政治とカネ」の問題が続出する事態につながっているのです。

小選挙区制で政治がクリーンになるという「幻想」

細川連立政権による一九九四年の政治改革の目玉として、政党助成金とセットで導入されたのが、現在まで続いている衆院選の小選挙区比例代表並立制です。「政治改革四法」の中の

「公職選挙法の一部を改正する法律」によって導入され、一九九六年の衆院選で初めて実施されました。

それまでの中選挙区制度では、一つの選挙区の定数は三から五が標準でしたから、同じ選挙区内で複数の自民党候補者が立つこともよくありました。たいていの場合はそれぞれの候補者が自民党内の別の派閥に属していたので、選挙は派閥同士の「代理戦争」の意味合いも帯びてきます。

とはいえ、有権者から見たらあくまでも自民党候補同士での相打ちですから、所属政党によって投票先を決めることができません。このため、選挙運動は政策論争よりも候補者の人物本位となり、「義理人情の選挙」などと言われていました。義理人情だけならまだマシですが、実際には派閥の資金力を背景に影で札束が飛び交い、買収が行われるような「お金のかかる選挙」が横行していました。

こうした事情から、中選挙区制とそれに連動した派閥政治こそが、様々な「政治とカネ」の問題の元凶であるかのように見なされていったのです。

ここで、中選挙区制に代わる選挙制度として持ち上がってきたのが小選挙区制です。小選挙区制度であれば、必然的に各政党から立候補できる候補者は一人に絞られますから、自民党候補同士の義理人情の選挙に代わって、政党対政党で政策を競い合うような選挙が行われるようになる。当然、選挙にお金もかからなくなるからクリーンな政治が実現する――こんな話がまことしやかに語られるようになりました。

しかし、考えてみればこの話は都合が良すぎます。たとえば、これについては、知事選や市長選といった首長選挙をめぐって、昔も今も「政治とカネ」の問題がたびたび起こっていることを考えればわかるでしょう。たとえば二〇一三年には、東京都知事だった猪瀬直樹氏が前年の都知事選に出馬した際に受け取った五〇〇〇万円について選挙運動費用収支報告書に記載していなかったことが判明し、私たち「政治資金オンブズマン」が東京地検に公職選挙法違反の虚偽記入罪で刑事告発したところ、猪瀬氏は略式起訴されました。

首長選というのは選挙の形としては一人区、つまり小選挙区制と同じですから、小選挙区制にしたからといって「政治とカネ」の問題がなくならないことは明らかです。もちろん、猪瀬知事の事件以前も同様の問題がありました。政策本位の選挙になるという触れ込みにしても、近年の衆院選を見る限り、政策をめぐって候補者間で闊達な議論が交わされているとはとても思えません。

これは考えてみれば当たり前の話で、選挙制度を変えたからと言って政治家が急に政策通になるわけではありませんし、やはり「政治とカネ」の問題を起こす人は出てくるわけです。

過剰代表で議会制民主主義を歪める小選挙区制

小選挙区制の欠陥として真っ先に挙げられるべきなのが、特定の政党が過剰に代表されるシステムだという点です。

そもそも、民主主義とは何でしょうか。本来の意味での民主主義は、北海道から沖縄まで主権者である国民すべてが集まって議論を重ねて、最終的な結論を出すような形を言います。これを直接民主主義と言い、古代ギリシャの都市国家アテネでは実際に直接民主主義による政治が行われていました。

しかし、国土が広く人口も多い日本のような国では、すべての国民が一カ所に集まって議論するような制度は技術的に無理があります。そこで、主権者である国民の政治的な主義主張や政策を代弁してくれる人物を選挙で選び、その代表者たちによって議論して政策を決めていくのが、日本をはじめとした多くの民主主義国で採用されている議会制民主主義です。

議会制民主主義が正当なものであるためには、当然ながら戦前の日本のように資産の多寡や性別によって投票権を得られるかが決まるような制限選挙ではなく、普通選挙を採用しなければいけませんが、それだけでは不十分です。選挙を通じて投票者全員の意思をなるべく公正・正確に結果に反映させることが必要です。言ってみれば、国会は北海道から沖縄までのすべての有権者の縮図でなければならないのです。選挙の得票数の比率と比べて特定の政党ばかりが過剰に議席を得ている、つまり過剰に代表されているような状況は、議会主義であったとしても議会制民主主義とは言えません。

ところが困ったことに、一九九四年の政治改革によって新たに導入された衆議院議員選挙の小選挙区制は、与党の過剰代表を生み出してしまう制度なのです。

一つの選挙区から一人の当選者しか出すことができない小選挙区では、たとえ得票率が五一%と四九%の接戦だった場合でも、勝った側だけが議席を得ることができ、負けた側の四九%は議会に反映されない「死票」になってしまいます。厳密に言うと現在の小選挙区制は比例代表制との並立制なので、惜敗率が高ければ「比例復活」によって一部は救われるようになっていますが、それでも多くの死票が生まれてしまうという本質的な問題点は変わりません。これは、一人区や二人区が多く「準小選挙区制」とも解釈できる参院選の選挙区選挙についても同じことが言えます。

表14　過去の衆議院総選挙における「小選挙区選挙」での第一党の選挙結果

総選挙年	議員定数	第一党	当選者数	議席占有率（%）	得票率（%）
1996	300	自民党	169	56.3	38.6
2000	300	自民党	177	59.0	41.0
2003	300	自民党	168	56.0	43.9
2005	300	自民党	219	73.0	47.8
2009	300	民主党	221	73.7	47.4
2012	300	自民党	237	**79.0**	**43.0**
2014	295	自民党	222	75.3	48.1
2017	289	自民党	215	74.4	47.8
2021	289	自民党	187	64.7	48.1

与党による過剰代表は、実際に起きています。その最たる例が、自民党が政権に返り咲いて第二次安倍晋三内閣が誕生することになった二〇一二年の衆院選です。この時の小選挙区選挙では、自民党の全候補者の得票率の合計は過半数に届かず、全体の四三％に過ぎませんでした。ところが、選挙後の議席配分を見ると、小選挙区選挙の議員定数に占める自民党議員の割合は実に七九％にのぼりました（**表14**）。四割の得票率で八割の議席がとれてしまうわけですから、これが主権者の意思の正しい縮図であるとは到底言えません。この問題は、他の年の総選挙にも当てはまります。

また、「準小選挙区制」の参議院選挙区選挙でも同様の問題は起きています（**表15**）。

表 15　2013 年以降の参議院通常選挙における「選挙区選挙」での第一党の結果

年	事実上の議員定数	第一党	当選者数	議席占有率(%)	得票率(%)
2013	73	自民党	47	**64.4**	42.7
2016	73	自民党	36	49.3	39.9
2019	74	自民党	38	51.4	39.8
2022	75	自民党	45	**60.0**	38.7

表 16　衆議院総選挙における「比例代表選挙」での連立与党の得票率(%)

1996 年	自民党	社民党	新党さきがけ	合　計
	32.76	6.38	1.05	40.19
2000 年	自民党	公明党	保守党	合　計
	28.31	12.97	0.41	41.69
2003 年	自民党	公明党		合　計
	34.90	14.78		49.68
2005 年	自民党	公明党		合　計
	38.18	13.25		51.43
2009 年	民主党	国民新党	社民党	合　計
	42.41	1.73	4.27	48.41
2012 年	自民党	公明党		合　計
	27.62	11.83		39.45
2014 年	自民党	公明党		合　計
	33.11	13.71		46.82
2017 年	自民党	公明党		合　計
	33.28	**12.51**		45.79
2021 年	自民党	公明党		合　計
	34.66	12.38		**47.04**

表17　2013年以降の参議院通常選挙における「比例代表選挙」での連立与党の得票率（%）

	自民党	公明党	合　計
2013年	34.68	14.22	48.90
2016年	35.91	13.53	49.44
2019年	35.37	13.05	48.42
2022年	34.43	11.66	46.09

※参議院議員は半数改選なので，通常選挙では法律上の議員定数の半分が事実上の議員定数となる

現在の制度の中では民意をもっとも正確に反映している比例代表選挙の結果を見てみると、政権与党の得票率は二〇〇五年の衆院選を除いて五〇%を超えていません（**表16**）。参院選でも同じです（**表17**）。

ところが、実際の獲得議席数を見ると常に与党が圧勝し続けているわけですから、現在の与党というのは小選挙区制の歪みが生んだ「上げ底」によって成り立っていると言っても過言ではないでしょう。

そして、この歪みは政党交付金とも連動しています。各党の政党交付金の取り分は議席数と国政選挙の得票数に連動して決まりますから、与党が過剰代表している分だけ、助成金も過剰に交付されてしまいます。先ほども挙げた二〇二三年の政党交付金の額を見ても、自民党の額は一五九億一〇〇〇万円です。次に多くもらっている野党第一党の立憲民主党が六八億三二〇〇万円ですから二倍以上ですし、この年の政党交付金の総額である三一五億三六〇〇万円の半

分以上が自民党にわたっていることになります。

こうした制度の歪みが、実際に民意が支持している以上に自民党を強大なものとすることで、「投票してもどうせ勝てない」という野党支持者の諦めを生んでしまいます。こうした構図が、昨今の慢性的な投票率の低さにもつながっているのではないでしょうか。

小選挙区制が生んだ「イエスマン」政治

小選挙区制を導入した結果生まれたもう一つの弊害として、内閣に対する議会の力が弱くなってしまったことがあります。

自民党というのは、元々は社会党の台頭に対抗するために一九五五年に自由党と日本民主党という二つの保守政党が合併して生まれた「雑居政党」でした。長く続いた中選挙区制の下で、元官僚などはこぞって自民党から立候補しましたが、多くの場合それは自民党の政策に賛同したからというよりは、自分のやりたい政策を実現するためには与党から出たほうが都合が良い、という理由が大きかったでしょう。

このように党としての統一された方針がない代わりに、党内に右から左まで多様な意見を持った人間がいて、時に熾烈な議論を戦わせながら切磋琢磨する、というのが自民党の一種の強みでもありました。党内に政策の傾向が違う複数の派閥があり、それぞれ「派閥の長」をかついで戦う総裁選の結果によって、疑似的な「政権交代」を起こすこともできる。自民党というのは党内の各派閥による連立政権なのだ、という指摘までありました。

こうしたあり方を可能にしていたのが、中選挙区制だったと考えることもできます。中選挙区制では、自民党内で時の総裁の方針に同調しない「非主流派」や「反主流派」の立場をとる議員も、選挙で「主流派」の候補に続く二位や三位に滑り込めさえすれば、国会議員の地位を維持することができました。だから、党内から時の総裁に対する批判の声が公然とあがることも珍しくありませんでしたし、時に「非主流派」や「反主流派」の議員が結集して「総裁降ろし」の動きが巻き起こることもありました。

しかし自民党のこうした特徴は、一九九四年の政治改革による小選挙区制の導入を境に徐々に変質していきます。一つの選挙区に同じ党から複数の候補者が立っていた中選挙区制と違い、小選挙区制では一つの選挙区で党からの公認をもらって立候補することができるのは通常一人だけですから、誰を公認するかを最終的に決める権利を持つ党執行部、その中でも自民党総裁に大きな力が集中することになります。また、与党である間、自民党総裁は内閣総理大臣でもありますから、必然的に、国会議員に対する内閣の力がそれまで以上に強まることになるのです。

大きな転機となったのが、二〇〇五年に小泉純一郎内閣の下で行われた郵政解散と、それにともなう総選挙です。当時、小泉首相は長年の持論だった郵政民営化を実現しようと、関連法案を国会に提出。自民党内からも多くの反対の声があがっていましたが、小泉首相は反対派の議員たちを改革に逆行する「抵抗勢力」と呼んで批判しました。

郵政民営化関連法案は衆議院を五票差という僅差で通過しましたが、八月八日に行われた参議院本会議での採決は、自民党議員のうち三〇人が反対・棄権に回ったこともあり否決されました。かねてから「参議院で否決された場合は衆議院を解散して民意を問う」と明言していた小泉首相はこれを実行に移し、その日のうちに衆議院を解散しました。法案は参議院で否決されたのに、可決してくれた側の衆議院を解散したのですから考えてみればおかしな話です。

解散を受けて行われた衆院選では、小泉氏は郵政民営化関連法案に反対した三七人の自民党議員たちを党の候補として公認せず、「刺客」として公認した対立候補を送り込みました。こうした「小泉劇場」に世間は熱狂し、九月一一日に行われた投開票の結果、自民党は前回の衆院選から八四議席増の二九六議席を獲得する圧勝。「小泉チルドレン」と言われる新人議員が多数誕生する一方、自民党から公認をもらえなかった候補者の多くが落選の憂き目を見ました。

この一件が自民党内にもたらした変化は、非常に大きかったと思われます。選挙における公認の権限を持っている自民党総裁、内閣総理大臣に歯向かったら、自分の政治家としての将来がなくなるということを、多くの議員が見せつけられました。この時から、昔のように公然とトップを批判する議員が出てくるような「雑居政党」ではなくなって、総裁が決めた方針に逆らえない政党になっていくわけです。

トップダウン型の政党になることで小泉首相は自分の思う改革を実現することができたと言えるかもしれませんが、その代償は非常に大きなものでした。結局、自民党のトップを決める総裁選に勝って強い権限を持った者がすべてを決めるという構造になってしまった。これが何を意味するかと言うと、内閣総理大臣が決めたことに対して、自民党が多数派を占める国会はただ追認するだけの、単なる多数決のための機関になり下がってしまったわけです。

小選挙区制が一層の政治の劣化をもたらした

こうして国会に比べて大きな力を持つようになっていった内閣は、さらに、官僚機構に対しても支配を強めていきました。第二次安倍晋三政権時代の二〇一四年には、内閣法を改正して内閣官房の中に内閣人事局を設置。それまでは各省庁の官僚の人事については省庁内部で決められ、政治家が介入することは控えられてきましたが、この局の設置によって首相官邸が各省の幹部人事を直接掌握するようになりました。

官僚にとって人事を握られるということは自らの生殺与奪を握られるようなものです。それまでは政治家の言いなりになるばかりではなかった官僚たちも、次第に首相官邸の顔色をうかがい忖度する「イエスマン」の集団へと変貌していきました。

現在でも自民党には派閥が存在していますが、自民党内の「ミニ政党」のように機能していたかつての派閥の面影はなくなりました。自民党内のハト派を象徴する派閥だった宏池会出身の岸田文雄首相は、防衛費の大幅増額による軍拡路線など、タカ派の代表格だった清和会出身の安倍晋三首相時代と変わらないか、それをも上回るようなタカ派的政策を推進しています。

安倍派が一〇〇人もの国会議員を集めていたのは、安倍晋三氏が長年にわたって首相を務めた影響も大きいでしょう。政策の違いというより、権力のあるところに人が集まっていたのです。二階俊博氏が派閥の領袖を務める二階派も、二階氏が長年にわたって自民党の幹事長を務めたことを背景に、その勢力を拡大してきました。二階氏は幹事長として党本部から多くの政策活動費を受け取っていましたから、そうしたポストと資金力によって、国会議員が集まってくる。二階派と言えばかつての中曽根派の流れをくむ派閥ですが、もはやそういった歴史的経緯とは関係なく、二階氏の権勢のもとに打算で集まった集団であったとしか思えません。

これらの事例を見てもわかるように、小選挙区制の導入によって自民党内の政策の多様性は消滅し、派閥は単に、安倍派による裏金事件のようにお金を集めて所属議員に分配するか、総裁選で勝ち馬に乗って閣内や党内での役員ポストを獲得するといった、打算と利権だけの集団になり下がってしまっていたのです。この安倍派の裏金事件を受けて、岸田首相は派閥を解散すると表明しましたが、派閥がなくなることで、ますます権力の官邸一極集中が進み、自民党は市民に根差しているという政党本来の性格の劣化が進むのではないでしょうか。

このように、小選挙区制の導入をきっかけとして、内閣の力がどんどん強まっていったのがこの三〇年間に起きた変化でした。こうした変化を推進してきた側は、物事をトップダウンでスピーディーに決められる政治が実現したのだと主張するかもしれません。しかし、こうした政治のあり方は、日本国憲法が採用する議会制民主主義とは大きくかけ離れてしまっていると言わざるを得ません。

国会については、日本国憲法第四一条で「国会は、国権の最高機関であって、国の唯一の立法機関である」と定められています。日本国憲法は、大日本帝国憲法の下で侵略戦争が強行されてしまったことを反省して、国民主権主義や非軍事平和主義、基本的人権尊重主義、地方自治などを採用しています。そして国民主権主義を実現するために、主権者である国民の代表である国会を「国権の最高機関」と定めているのです。

よく学校などで、日本国憲法は国会(立法)、内閣(行政)、裁判所(司法)の三つの独立した機関が相互に抑制し合いバランスを保つ「三権分立」の原則を定めていると習うかと思います。しかし、国会は「国権の最高機関」なのですから、内実としては国会が他の二つの機関に対して優位に立っていると理解しなければなりません。

ところがこれまで見てきたように、小選挙区制が導入されて以来の三〇年間で、内閣が国会に対して非常に大きな力を持つようになってしまった。内閣というのは選挙を経て選ばれたわけではありませんから、国民から見ると国会に比べると遠い存在です。今のように内閣が大きな権限を持つと、たとえば原子力発電の推進のように世論調査をすれば多くの国民が反対しているような政策でも、内閣主導でどんどん進めることができてしまう。国会もそれに追随するばかりなので、簡単に法案が通ってしまいます。

先ほど説明したように、小選挙区制には与党が過剰代表されてしまうという欠陥もあります。

議院内閣制をとっている日本では議会の多数派である与党はそもそも内閣と一体ですから、過剰代表を解消して野党に民意に応じた議席を持たせ、「与党＝内閣」の暴走に国会で歯止めをかけられるようにしなければ、国会が機能しているとは言えません。私の考えでは、日本国憲法が採用する議会制民主主義というのは、今の日本では実現していないのです。

こうして見てきたように、一九九〇年代の政治改革は、政治資金規正法に裏金づくりの「抜け道」を残したばかりでなく、政党助成制度や小選挙区制度の導入を通じて日本の議会制民主主義のあり方を歪めるという、現在まで続く大きな禍根を残してしまったのです。

第5章

市民の手で「政治とカネ」を究明する

——私が告発を続けるわけ

憲法学者が政治家を刑事告発し続ける理由

私はこれまで、数多くの「政治とカネ」の問題について、報道機関の貴重な調査結果を踏まえた取材に応えてコメントしてきただけではなく、検察に多くの刑事告発をしてきました。本業は憲法学者である私がなぜこのような活動をしているかと言うと、そこには深い理由があります。

ここまで見てきたように、私は今の日本の政治制度を、日本国憲法が想定している議会制民主主義の名に値しないと考えています。近代憲法というのは、国民主権や基本的人権の尊重といった原則を守るために権力の暴走を縛ることを目的とした法です。だから、日本国憲法では権力の暴走を許さないように主権者の代表機関である国会を「国権の最高機関」と定め、内閣に対して国会が優位に立つようにしているのです。

ところが、現在の日本の制度は、国会が本来持つ権力へのチェック機能を弱め、内閣の暴走を許してしまっています。小選挙区制による与党の過剰代表で民意が歪曲されてしまう仕組みもそうですし、違憲の政党助成金や企業献金、使途不明金の裏金、官房機密費などによって

「与党＝内閣」がお金の力で政治を動かせてしまうようになっています。

本来は歪んだ制度自体を正していかなければ問題は解決しないのですが、現状がこうなってしまっている以上、権力の暴走をできるだけ食い止める必要があります。そこで「政治とカネ」問題に特化した市民運動として、政治家たちの不正を検察に刑事告発していくことにしたのです。

私は元々、神戸大学の大学院生だった時代から市民運動に関わるようになりました。一九九四年から北九州大学(現北九州市立大学)法学部の講師として採用されると「市民オンブズマン北九州」に参加し、福岡県内の地方自治体の情報公開条例と政治倫理条例の評価ランキングを作成する活動などにも携わりました。

初めて国会議員らを告発したのはこの時期です。一九九七年末に「新進党」が分裂して「自由党」「国民の声」「改革クラブ」など六つの政党ができたのですが、六党は翌一九九八年の一月一日時点での国会議員数などを総務大臣に届け出て、同年の政党助成金の交付を受けていました。ところが、後に私が六党に行ったアンケートで、一九九八年一月一日時点では、まだ六党が結党していなかったことが明らかになりました。政党助成金をもらうために、年明けの時点で党の実態があったかのようにウソをついていたのです。そこで二〇〇〇年二月、私は知り合いの憲法研究者たちとともに、六党の党首を政党助成法違反で東京地検に刑事告発しました。

この件が大きく報道されたこともあり、社会派弁護士として有名だった大阪の阪口徳雄弁護士から大学の研究室に電話がありました。阪口弁護士とはその後もやり取りをするようになり、一緒に国会議員を刑事告発する活動へと踏み込んでいくことになりました。二〇〇二年には市民団体「政治資金オンブズマン」を結成。私が阪口弁護士らとともに共同代表となり、以後、多くの刑事告発や、政治資金改革の提言などを行ってきました。

いざ刑事告発をするとなると、告発状を書かなければなりません。これには刑事訴訟法なども含む実践的な法律の知識が必要ですから、一般の方々だけではなかなか難しいでしょう。実際、ある市民の方が「告発状を書いて検察に提出したのに送り返されてきた」というので書いたものを見たことがあるのですが、ああ、これは受理されないだろうと一目でわかりました。やはり、実際に司法を動かすにはプロの手が入らないと難しい、というのが現実です。

私の場合、阪口弁護士とその人脈で多くの弁護士の方々の力を得ることができたのは大変ありがたいことでした。「政治とカネ」の問題は私の研究分野に関連することだったのでそれなりの知識はあったのですが、検察に刑事告発したり、不起訴処分になった時に検察審査会に不服申立てしたりといった実践面は、専門家である弁護士の皆さんの力なしではできなかったでしょう。

このように市民運動として実践してみて感じたのは、「政治とカネ」に関する問題のチェックというのは、政治を監視する方法として非常に有効だということです。

まず、政治家のお金の出入りは政治資金規正法によって定められた政治資金収支報告書や、公職選挙法で定められた選挙運動費用収支報告書に記載することが定められています。一般市民に公開されているこれらの収支報告書を調べることで、客観的な証拠を入手することができます。

まったく情報がない中で、ただ「何かこういう犯罪が行われているんじゃないか」という告発を検察にしてもまず受理してもらえません。一方で客観的な証拠があれば、検察側も無視できなくなりますし、政治家側ともそれを根拠に戦えるようになります。何しろ収支報告書の内容は政治家側が自分たちで書いたものですから、記載された中でルールに違反している点や矛盾している点を私たちが突いたら、彼らとしては言い逃れができないわけです。

もう一つの強みは、報道機関とも連携できることです。私たちは刑事告発をした際に記者会見を開くなどして、報道機関に対してもなるべく情報をオープンにするようにしています。私たちに取材した報道機関がその情報をもとに政治家の周辺を取材してくれて、収支報告書を読むだけではわからなかったような新たな事実が判明することがあります。たとえば、議員が事務所にしている建物に不自然に高額な家賃を払っていたとして、その支払先を調べてみたら議員自身の親族が経営する会社であったというような話があります。こうした例は、記者に取材してもらわなければなかなか実態をつかめません。

こうやって新事実が報道されたら、それを証拠にして刑事告発ができる。あるいは、報道機関から情報を提供してもらって、それを根拠に告発するということもできます。これまで活動を続けてこられたのは、このように、公開情報である収支報告書などから証拠を集めて、報道も根拠にしながら刑事告発をしていくという手法が確立できたからです。

日本の検察を信用していいのか

これまで様々な不正について刑事告発をしてきましたが、検察が正式に受理してくれないことがたまにありました。不起訴にされてしまうことも多々ありました。

検察の判断で不起訴にされた場合は、無作為に抽出された一一人の有権者で構成される検察審査会に審査申立てをすることができます。検察審査会が「起訴相当」や「不起訴不当」という結論を出せば、検察は再度捜査して起訴すべきかどうかの検討を行います。「不起訴不当」後に不起訴とされてしまえば、そこで終わりますが、もし、「起訴相当」後に検察が不起訴の結論を変えなかった場合、検察審査会は二度目の審査を行い、そこでも「起訴相当」の議決がなされたら、裁判所が指定した弁護士が検察官役になって強制起訴をすることができます。

検察の判断に対して市民判断を活かすこうした制度はあるものの、それでも、起訴に至らなかったケースは数多くあります。今回の自民党派閥の裏金パーティー問題でも、早々に「安倍派幹部の立件は見送りへ」という報道が流れて多くの人々が失望したことでしょう。検察は政治家への捜査に対して及び腰なのではないか、と思わせられることは頻繁にあります。

なぜ、検察は政治家の立件に対して消極的なのか。検察側の論理からしたら、おそらく捜査機関として暴走してはいけないので、抑制的に捜査をする、という建前があるのでしょう。ただその割には、一般庶民に対しては軽微と思える犯罪でも躊躇なく起訴しているように見えますから、なかなか今の検察を信用していいのかという点では疑問があります。

実際のところ、検察としても費用対効果を考えている部分があるようです。たとえばある政治家について一五〇〇万円の収支報告書の不記載が見つかったとして、その政治家に任意聴取をして自白してくれればよいのですが、自白しない。そうなると、家宅捜索などの強制捜査をしないと解明は難しいでしょう。しかし、家宅捜索をすればそれなりにお金もかかるし、これくらいの金額で強制捜査までして起訴するのか、となると、過去に検察が動いた事件の「相場」のようなものがあって、そういうものも見ながら判断しているようです。

いずれにしても、特に今回の自民党派閥の裏金事件のように、「国会議員は四〇〇〇万円以上、秘書は三〇〇〇万円以上の裏金をつくっていることが立件の目安」などという話が出るのは、本当におかしな話です。違法な裏金をつくっていたことは変わらないのに、金額の多寡によって誰が検挙されるかが線引きされるべきではありませんし、庶民感覚からしたら一〇〇万円だって十分すぎるほどの大金ですから、三〇〇〇万円、四〇〇〇万円というハードルはいくらなんでも高すぎです。

「単純ミス」で済まされてよいのか

ましてや、今回の派閥の裏金事件は、派閥全体で何億円もの裏金をつくって、その一部をキックバックや中抜きしていたわけなので、議員側だけで裏金をつくった過去の事件とは性格が違いますから、過去の事件における起訴の「相場」を適用するのは事件の本質を見誤っているとしか思えません。

もう一つ問題だと感じているのは、私たちが政治資金収支報告書の問題を指摘しても、議員側があとからその部分を修正し、「単純ミス」だったと弁解すれば、罪に問われないということです。政治資金規正法では、収支報告書の虚偽記載や不記載といった行為には禁固刑か罰金刑が科されますが、それは故意または重い過失があった場合に限られます。「うっかり記載ミスをしてしまった」といった軽微な過失の場合は、記載を修正するだけで不問に付されます。庶民の感覚からしたら、何十万円とか何百万円という数字を見落とすということは通常あり得ないと思うのですが、政治家の場合はなぜかこの言い訳が通ってしまい、「単純ミスでした」と説明することで摘発を免れる例が頻繁にあります。しかしその中には、金額が大きかったり、何年も連続で不適切な記載が続いていたりして、どう考えても故意だったとしか思えないものも散見されます。

私に言わせれば、虚偽記載や不記載を指摘されてからその部分を修正するのは、確かに不正をしていましたという「自白」に等しい意味を持つと思っています。検察側が「単純ミスだった」という政治家側の説明を簡単に受け入れてしまっていることで、政治家は「どうせ指摘されたら後から直せばいいんだ」と、平気で法律を破るようになってしまっているのです。

しかし、政治資金のやり取りは通常は金融機関の口座を通じて行うでしょうし、現金でやり取りしても領収書が発行されているはずです。不記載があれば、年末に収支が合わなくなり、必ず気づくでしょう。金額の多寡は基本的に関係ありません。選挙買収では時給一〇〇〇円でも起訴されています。

そう言うと、買収事件は実質犯だが、収支報告書の不記載は形式犯だとの反論が予想されます。

元検察官の中には、政治資金規正法違反について、「この事件には被害者がいない」といった説明をする人がいました。あくまでも形式犯であって、実際に被害が発生している実質犯とは違う、という解釈です。

しかし、私はこれには異論があります。政治資金規正法は、お金の出入りの真実を書くことを求めています。憲法論で言えば、「知る権利の保障」です。政治団体は主権者に対する説明責任があるのだと解すべきですから、裏金をつくること自体、あるいは記載にウソがあること自体が説明責任の放棄であり、国民の知る権利の侵害になります。

こう考えると、真の被害者は「知る権利」を侵害された国民であって、政治資金収支報告書の不記載は議会制民主主義への挑戦だと考えることができます。そのような視点が検察には欠けています。

それだけではありません。裏金をつくって国民から見えないところで一部の企業や業界団体などと癒着し、国民全体ではなく一部の人々の利益を優先した政治が行われていることも疑われます。こうなると、本来あるべき民主主義が歪められることで多くの国民が不利益を被っていることになります。

このように考えていくと、政治資金規正法違反が「微罪」であるような態度というのは、ことの本質を理解していないものだと言わざるを得ません。

検察は変わったか

安倍政権時代には、内閣と検察との〝癒着〟を思わせるような動きがありました。二〇二〇年、安倍政権は検察官には適用しないとされてきた国家公務員法の法解釈を突如変更。当時、六三歳での定年を目前にしていた黒川弘務・東京高検検事長の任期を半年間延長しました。さらには、政府が認めれば検察幹部の定年を延長できるようにする検察庁法改正案を国会に提出しています。ここまでする背景には政権と近い関係にある黒川氏を検事総長に就任させようとする意図があるのではないかと指摘され、野党は猛反発しました。結局、黒川氏は違法な「賭けマージャン」をしていたことが発覚して辞職に追いやられ、騒動は幕を閉じましたが、検察の評判は地に落ちました。

実際、黒川氏が東京高検検事を務めている時代に、「森友学園」問題で財務省の関連文書改ざんを主導した佐川宣寿《のぶひさ》元理財局長らの不起訴が決まるなどしていましたから、私も何か、そうした権力の闇の部分があるのではないか、と感じたことは多々あります。ただ、これについては検察内部の情報を持っているわけではありませんので、何とも言えないのが実際のところです。

それでも近年は、以前よりは検察の動きが活発化しているようにも見えます。今回の自民党派閥のパーティー券問題もそうですし、二〇二二年には、政治資金パーティーの収入などを少なく記載した疑いで私たちが刑事告発した、自民党の薗浦健太郎衆議院議員(当時)が東京地検特捜部に逮捕、略式起訴されるなど、立て続けに刑事事件化する例が出てきています。ただ、今回の安倍派のパーティー券問題でも、裏金を受け取っていた派閥幹部全員を起訴するようなことになれば大きな変化を感じたところですが、結局はごく一部の立件にとどまりました。残念ながら、日本の検察が変わったとまでは、まだまだ言えないのではないかと思います。

ちなみに、各地の検察に対して数多くの刑事告発をしてきた私からしても、検察官と直にやり取りをした例というのは本当に数えるほどしかありません。会ってもしょうがないと思われているのかもしれませんが、告発状を送っても直接事情を聴かれるようなことはなくて、検察が独自の判断で動くのを報道で知るだけです。前述の薗浦健太郎元衆議院議員が略式起訴されたときは、直前に東京地検特捜部から電話がかかってきて知らされましたが、検察から直接連絡を受けたのはそれが初めてでした。他には、河井克行元衆議院議員の買収事件では家宅捜索に入る直前に、代理人弁護士のところに「(刑事告発を)受理しました」と連絡があったと聞きましたが、それ以外には彼らの側からコンタクトしてきたことは、ほとんどありません。追加の証拠を求めてきたり、事情聴取を受けたことは例外中の例外です。

東京地検は一番不親切です。こちらが告発した事件について受理したかどうかを電話で問い合わせるとたいていの地検は教えてくれますが、東京地検だけはそれすらも教えてくれません。私たちに情報が洩れることで捜査に影響が出るといけないと思っているのかもしれませんが、世論が盛り上がることで検察が動きやすくなることもあるでしょうから、あまりに秘密主義なのもどうかと思います。

不起訴でも刑事告発する意味はある

これまでに何件の刑事告発をしてきたのか正確には数えていないのですが、一〇〇件を超えているのは間違いありません。

そのうちどれほどが実際に受理されて、相手が起訴され有罪になったかと言うと、その割合は実は相当に低いです。それは、私たちが告発した内容が間違っていたせいではありません。先ほども説明したように、不正の金額が少ないという理由で検察の判断で不起訴処分にされてしまったり、議員の側が「単なるミスだった」と説明して政治資金収支報告書を修正することで許されてしまったりすることが多々あるのです。

しかし、たとえ検察が本気で動いてくれないことが多くても、発覚した不正について刑事告発をする意味は十分にあると私は考えています。

一つの理由としては、不正の証拠をきちんと集めた上で、記者会見などを開くことで、報道機関に報道してもらえるからです。結果として検察の判断でその議員が起訴されなかったとしても、問題のあるお金の使い方をしている議員がいるという事実を世の中に知らしめることができますから、社会に対しての問題提起になっていると考えています。

同時に、報道がなされて疑惑が周知されていく中で、その議員からの弁明を聞くことができます。安倍派のパーティー券問題でも、真相の説明を迫る報道陣に対して、後に罰金一〇〇万円の略式命令を受ける谷川弥一衆議院議員が「頭悪いね」と発言して世の中の反感を買っていました。その後も政治倫理審査会（政倫審）などで一部の議員からは弁明がありましたが、「知らなかった」などと言うばかりで、納得できた有権者は少ないのではないでしょうか。疑惑に対してどのような対応をしたかをチェックすることで、「この議員は有権者を見下しているんだ」「平気でうそをつくんだ」といった人物像や政治家としてのスタンスが明るみに出てきます。

政治資金規正法違反を指摘された場合の政治家の反応として一番多いのは、何かしゃべったらかえって自分の首を絞めてしまうと思うのか、雲隠れして黙っている例です。ある意味、これが一番したたかです。その次によく見るのは、「法令に則って適正に処理しています」と開き直る例。あるいは「単純なミスでした。訂正します。今後は気をつけます」と、素直に認めてくる場合もあります。認めて訂正しているからよいかと言えばそうではなく、「単純ミスだった」と説明することで摘発を逃れようとしていることも考えられますから注意が必要です。

有権者はこうした情報を、次の選挙の時に投票先を決める際の判断材料にすることができます。不正をしていた議員は、それが明るみに出ることによって社会的制裁を受けることになりますし、おかしなお金の出入りはいずれバレる、という認識になることで、新たな不正が行われるのを抑止する効果も期待できます。

安倍晋三元首相の「桜を見る会前夜祭」事件

ここからは、私たちが刑事告発してきた国会議員の「政治とカネ」をめぐる疑惑について、いくつか実例を紹介します。まずは、「桜を見る会前夜祭」(以下、前夜祭)をめぐる安倍晋三元首相の事件です。

通算在任日数三一八八日、戦後もっとも長く総理大臣を務め、「安倍一強」とも言われる時代をつくった安倍晋三氏。その安倍氏が二〇二〇年九月に辞職するきっかけとなったのが、「桜を見る会」問題でした。

「桜を見る会」は、内閣総理大臣が主催する公的行事として、皇族をはじめ各国大使や国会議員、各界の代表者などを招いて新宿御苑で開催されていた行事です。その費用は税金から支払われていましたが、安倍晋三政権下で次第にその参加者数や予算規模が拡大。参加者の中に、安倍氏や他の自民党議員の後援会関係者、安倍氏を支持する保守系の文化人なども多数含まれるようになっていたことから、税金を使って開催される公的な行事を政権の支持拡大のために「私物化」しているという批判が巻き起こりました。

これだけでも大問題だったのですが、私たちが刑事告発したのは、この行事の前日に行われた前夜祭をめぐる問題です。

安倍氏が首相を務めていた二〇一三年から二〇一九年にかけて、桜を見る会の前日に、ホテルニューオータニおよびＡＮＡインターコンチネンタル東京で、「安倍晋三後援会」（以下、後援会）主催の夕食会（前夜祭）が開催されていました。招かれたのは、安倍氏の地元後援会員など約四五〇〜七五〇人です。

この夕食会の会費は一人五〇〇〇円。しかし、都心の高級ホテルの宴会場を借り切って、料理や飲み物も提供されるパーティーの値段にしては安すぎです。不足分を安倍事務所が補塡していたとすれば事実上の「接待」、つまり公職選挙法が禁じる選挙区内の者への寄付行為をしていたことになります。さらに、二〇一八年分の後援会の収支報告書には、このパーティーの収入も支出も記入されていませんでした。

野党からの追及に対し、安倍事務所は当初、「会費はホテル側が設定したもので、安倍事務所職員が参加者から集めて全額をホテル側に渡した」「後援会としての収入、支出は一切なく、政治資金収支報告書への記載の必要はない」などと説明していました。ところが、東京地検特捜部が安倍氏の公設第一秘書らから任意で事情聴取をした結果、次第に実態が判明してきました。

各メディアの報道によれば、二〇一五年から二〇一九年の各費用総額は、約四〇七万～六三四万円。それに対して、集まった会費の合計は約二二九万～三八四万円。各年の不足分は約一四五万～二五一万円の総額九一六万円で、これを安倍氏側が負担していました。また、ホテル側は事前に会場代や飲食代などの総額を記した見積書を安倍氏側に示していました。後援会は、会費として集めたお金を当日に前金としてホテル側に支払い、不足分については後日、安倍氏の資金管理団体である晋和会が支払っていたといいます。つまり、安倍氏側の説明は虚偽だったわけです。

また、主催の後援会がホテルへ支払うはずのお金を晋和会が補っていたわけですから、その分は晋和会から後援会への寄付になるはずですが、二〇一三～二〇一九年の各収支報告書にはその記載もありませんでした。パーティーの収支を記載していなかったことと併せて、政治資金規正法違反の不記載罪になります。

この事件では、私を含む大勢の弁護士や法律家が参加した「「桜を見る会」を追及する法律家の会」が結成され、まだ秘書が任意聴取される前の二〇二〇年五月に、二〇一八年分の政治資金規正法違反の収支報告書不記載罪と公職選挙法違反となる寄付行為の罪で、安倍氏側を東京地検に刑事告発しました。

安倍氏は九月、総理を辞任しました。持病の悪化による体調不良を理由としていましたが、私たちの刑事告発によって、検察による捜査の手が自身の身に迫っていることを感じていた可能性もあるのではないかと思います。

再び安倍氏を告発する

二〇二〇年一二月には、私や弁護士ら数名で、五月以降に新たに判明した事実を元に、安倍氏らを再び刑事告発しました。

捜査に動きがあったのはその直後のこと。一二月二四日、東京地検特捜部が安倍氏の公設第一秘書で後援会の代表だった配川博之氏に対し、政治資金規正法違反の不記載容疑で東京簡易裁判所に略式起訴したのです。配川秘書は罰金一〇〇万円を支払い、有罪が確定しました。

しかし、東京地検の判断は到底納得できるものではありませんでした。公職選挙法違反となる選挙区内の有権者への寄付行為については、配川氏は嫌疑不十分で不起訴。また、安倍氏本人については、政治資金規正法違反と公職選挙法違反の二つの容疑について、どちらも「嫌疑不十分」として不起訴になったのです。

前夜祭についてはここまでの捜査で安倍事務所が補塡した金額まではっきり出てきていたので、なぜ公職選挙法違反に問うことができないのか理解に苦しみます。また、数百万円規模の補塡を何年も続けていたわけですから、安倍氏本人の承諾があったと考えるのが当然であり、秘書だけが逮捕されるという「トカゲの尻尾切り」は到底許されることではありません。

私たちは二〇二一年一月、安倍氏らの「起訴相当」議決を求めて東京検察審査会に審査を申立てました。七月、同審査会は「不起訴不当」などの議決をしました。「起訴相当」とするには一一人の委員のうち八人が賛成する必要があったのですが、過半数(六名)の賛成で足りる「不起訴不当」止まりだったのは残念でした。審査にあたった市民の中にも、私たちと同じ気持ちの方が複数いたのでしょう。議決書の要旨では「総理大臣であった者が、秘書がやったことだと言って関知しないという姿勢は国民感情として納得できない」と記されていました。

これを受けて安倍氏らは再び特捜部の捜査を受けることになりましたが、二〇二一年一二月、特捜部は再び不起訴にしました。

なぜ、検察は安倍氏を立件することができなかったのか。同時期に捜査が行われていた河井克行・案里議員夫妻の買収事件では、東京地検特捜部は家宅捜索などの強制捜査を行っていました。一方、安倍氏の事件については任意の取り調べにとどまっています。強制捜査に踏み切れなかったことで、安倍氏と秘書とのやりとりのメールなど、十分な証拠を集めきれなかったのではないかと推測できます。

現役首相に対して強制捜査を行うことを躊躇したか、あるいは政権への〝忖度〟があったのか。しかし、現役の首相であればなおさら高い倫理観が求められるはずです。時の総理が、自分の政策を訴えて支持してもらうのではなく、有権者の買収に近い行為を行っていたことを許していいはずがありません。

この事件については、私を含む多くの弁護士や法律家が刑事告発を行ったことで、検察としても動かないわけにはいかなくなり、安倍氏の公設第一秘書の略式起訴という結果につながったという自負があるのですが、安倍氏本人を有罪にすることができなかったことは残念でなりません。

以上の告発は多くの弁護士さんと一緒に行ったものですが、前夜祭事件で私が独りで告発したものも複数あります。その中の一つに、安倍首相の資金管理団体「晋和会」の会計責任者がホテルの発行した領収書を後援会に送付しなかった政治資金規正法違反についての告発があります。二〇二一年一月二五日に刑事告発したところ、東京地検特捜部は同年三月三〇日にこれを不起訴にしました。その理由の開示請求をすると、「起訴猶予」となっていました。「起訴猶予」は有罪の証拠があるのに検察が事情を総合的に判断して不起訴にしたことを意味しています。私は東京検察審査会に「起訴相当」議決を求めて審査申立てをしましたが、「不起訴不当」議決でしたので、特捜部は再び不起訴にしてしまいました。

「闇パーティー」で議員本人が有罪に

議員本人が有罪となったという点で特に印象に残っているのは、安倍政権で内閣総理大臣補佐官を務めた自民党の薗浦健太郎衆議院議員(当時)の「闇パーティー」事件です。

「闇パーティー」とは何なのかと言うと、政治資金パーティーを開催した事実自体を政治資金収支報告書に記載せず、そこで得た収入を裏金にしていたということです。二〇一九年、薗浦氏の資金管理団体である「新時代政経研究会」は、収支報告書に記載していた「薗浦健太郎君を励ます会」というオモテの政治資金パーティーとは別に、収支報告書に記載していない闇の政治資金パーティー「そのうら健太郎と未来を語る会」を開催していたのです。政治資金パーティーを開催したのにそのことを収支報告書に記載しなければ、政治資金規正法違反になります。このことを察知した「しんぶん赤旗日曜版」が薗浦氏の事務所に問い合わせると回答はないままでしたが、「新時代政経研究会」の収支報告書はしれっと訂正されていました。二〇一九年四月三日に「そのうら健太郎と未来を語る会」が開催され、一六二万円の収入があったことが追記されたのです。ホテルへ支払った会場使用料を差し引いて、約一一六万円の利益が裏金となっていたことが発覚したのでした。同報告書の「翌年への繰越額」もその分が増額される訂正がなされており、薗浦氏側は裏金を「なかったこと」にしようとしたようです。

前述のように、政治資金規正法は故意か重過失の場合しか処罰の対象にならないため、訂正して「単純ミス」だったことにすることで摘発を逃れようとしたのでしょう。しかし、一〇〇万円を超える金額が繰越金から漏れているのに気がつかないなどとは、一般常識から考えても到底信じられません。二〇二二年九月、私は薗浦氏と資金管理団体の会計責任者になっていた公設第一秘書を、政治資金規正法違反で東京地検に刑事告発しました。

この時、私が告発した収入の不記載額は合計二〇〇〇万円程度だったのですが、ことは私が思っている以上の展開へとつながっていきました。報道によれば、東京地検特捜部が捜査を開始した頃、薗浦氏は秘書に対し、資金管理団体の通帳に鉛筆で記載された収支のメモ書きを消去するように指示。要は証拠隠滅を図ろうとしたわけですが、秘書は従わず、この時の薗浦氏とのやり取りの録音データとメモ書きされた通帳を、特捜部に提出したのです。秘書の「口封じ」に失敗したことが、裏金づくりの全容が明るみに出るきっかけとなりました。特捜部の捜査で、薗浦氏が複数の政治資金パーティーで得た収入のうち、計四〇〇〇万円以上を少なく収支報告書に記載し、裏金にしていたことがわかってきたのです。

薗浦氏は報道機関の取材に対して、秘書からの事前報告や過少報告の認識を否定。「会計責任者が全部やってたんじゃないか」などと話していました。責任を秘書になすりつけて「トカゲの尻尾切り」をしようとしていたことが想像できますが、秘書はパーティーのたびに収入と、過少記載の額を薗浦氏に対して事前報告していたと東京地検に供述したのです。それを裏づけるメモやメール、録音なども残されていたことで、薗浦氏は捜査に対して不記載を把握していたことを認めざるを得なくなりました。裏金の一部は薗浦氏の飲食代や交際費に当てられていたと報じられており、銀座のクラブで豪遊していたという週刊誌報道もありました。

薗浦氏は特捜部による任意の事情聴取を受けた後、一二月二一日に報道陣に対して虚偽の説明をした責任をとるとして議員辞職し、自民党を離党。翌二二日には、東京地検特捜部が薗浦氏と秘書二人を政治資金規正法違反で略式起訴しました。立件された虚偽記載・不記載の額は計約四九〇〇万円に上っていました。薗浦氏は二七日、東京簡裁から罰金一〇〇万円と公民権停止三年の略式命令を受けました。

略式起訴の前日、東京地検特捜部から私に電話があり、「薗浦氏を起訴し略式請求した」という趣旨の説明を受け、後日、通知が届きました。前述のとおり、捜査の進展について検察から私に直接連絡してきたことはそれまでなかったので、驚きました。この件は金額も大きく、前日まで現職だった国会議員を立件するということで扱いも丁寧だったのかもしれません。

同種の事件では秘書に責任をなすりつける「トカゲの尻尾切り」で議員本人は逃げ切ることが多い中、この件では秘書が薗浦氏に事前報告して承諾を得ていたことを供述し、証拠も残っていたことで、議員本人の立件にまでつながったと思われます。珍しいパターンではありますが、議員の逃げ切りを許さず有罪判決・公民権停止まで追い込めたという点では今後、大いに参考にしたい事例です。

地方政治の「政治とカネ」問題

このように、結果につながるものもあれば、そうでないものもありますが、これまでの活動の成果は着実に積み上がってきていると感じています。

しかし、私が残念に思っているのは、まだこうした運動が全国までは広がっていないことです。各都道府県の公金の不正支出などについては、近年では各都道府県に市民によるオンブズマン団体がつくられて、手厚く監視されるようになってきています。一方で、政治資金についてはまだまだチェックのノウハウが普及していないのか、私の知る限り恒常的に監視をし続けている市民団体は私たち「政治資金オンブズマン」だけという状況になっています。

これが、全国でそれぞれの地域の政治家について政治資金の監視を行う団体ができてくると、その広がりは今とは比べ物にならなくなるはずです。各地にある市民オンブズマンは弁護士の方が活動の中心にいるところや、弁護士の協力を得て活動しているところが結構あるので、政治資金についての監視活動もやろうと思えばできるはずなんです。

なぜ、地方での活動が重要になってくるかと言うと、我々も報道機関も、まだカバーし切れていない部分がたくさんあるからです。中でもほとんど手つかずに近いのは、都道府県知事や都道府県議会議員、あるいは市区町村長や市区町村議会議員といった地方の首長、議員についてです。政治資金規正法で言えば国会議員も地方の首長や議員も同じ「公職の候補者」ですから、国会議員と同じように政治資金については収支報告書を提出することが定められています。

二〇一四年には、兵庫県議会議員だった野々村竜太郎氏に政務活動費の不正受給疑惑が持ち上がりました。温泉街などに一年で一九五回もの日帰り出張を繰り返したことにして三〇〇万円の交通費を計上し、領収書も添付していなかったという事例ですが、不正の内容そのものよりも彼の「号泣会見」が印象に残っている方も多いかもしれません。

このように、地方議員の不正に一時的に注目が集まることはありますが、それでは全国に数多く存在する地方議員の収支報告書が市民の目で常時監視されているかと言うと、ほとんど手つかずになっているのが実情です。私たち「政治資金オンブズマン」も、決して地方議員の問題を軽視しているわけではありませんが、マンパワーの問題で地方議員の収支報告書まで調べ切ることはできないのです。

となると次に期待したいのは地方紙や地方局といった各地の報道機関です。二〇一六年には富山市議会で政務活動費の不正受給が横行していたことが発覚。地元のチューリップテレビと北日本新聞の報道によって次々と事実が明るみに出て、一四人もの市議会議員が辞職したことがありました。こうした例はあるものの、多くの場合、地方の報道機関が関心を持って報じるのは基本的に閣僚や国会議員といった「有名人」ばかりで、地方議員については多くの場合調べてもいない、というのが実情です。昨今はインターネットの普及など時代の変化もあって報道機関はどこも経営が厳しく、人員削減などの影響もあってじっくりと時間をかけた調査報道をするのが難しい状況に追い込まれています。本来、地域ごとのニュースを報じるべき地方の報道機関も、東京発のニュースを紹介する報道が圧倒的に多くなってしまっています。

こういう事情もあるので各地域の報道機関に所属している人たちを責める気持ちはあまりないのですが、結果的に、本来彼らに期待される地方政治を監視する役割を果たせなくなってしまっているのは大変残念なことです。たまに地方の報道機関などが政治資金収支報告書の読み方について勉強会を開くので講師として来てほしい、などと誘われることもあって、その場合はなるべく協力するようにしています。勉強会を開いた報道機関の中にはその後、地元議員の「政治とカネ」について熱心に報道しているところもあって、ノウハウを共有した成果が出ているのを見るとうれしくなります。

報道機関だけでなく、「政治とカネ」を追及する新しい市民運動の可能性も広がってきています。実際、この間、「政治とカネ」事件を告発してきたのは、私たち、政治資金オンブズマンだけではありません。たとえば、小渕優子衆議院議員が支援者の観劇会の収支を記載しなかった事件が発覚した際には、地元の市民が刑事告発をしています。また、河井克行・案里夫妻の買収事件の時には、私たち研究者が一〇人ぐらいで告発したら、地元の人たちも立ち上がってくれて、広島市民五六一名も広島地検にこの件を告発しました。山際大志郎元大臣の資金管理団体の政治資金パーティーに関する収入の不記載・虚偽記入が発覚した問題でも、広島の河井氏告発運動に刺激を受けた一五〇人を超える川崎市民が山際元大臣らを横浜地検に告発し、私も加わりました。

このような動きはあるものの、まだまだ地方議員の政治資金収支報告書については多くの地域でほぼ手つかずの状況なので、中には「どうせ誰も調べないだろう」と油断して、かなり雑な運用をしていたり、公然と不正を行っていたりする議員があちこちに存在することが予想されます。普段から地方議員たちの「政治とカネ」を監視して不正を調べて指摘したり、刑事告発したりする人々が出てくれれば、議員たちへのプレッシャーとなり政治腐敗の防止につなげることができるはずなのです。

市民が政治資金収支報告書にアクセスする方法

では、一般の市民の方が政治家や政党などの政治資金収支報告書をチェックするにはどうすればよいのか、順を追って説明します。

まず、第2章で説明したように、政治資金収支報告書はすべての政治団体が毎年、総務大臣もしくは各都道府県の選挙管理委員会に対して提出することを義務づけられています。国会議員だけでなく、都道府県や市区町村の首長や議員の政治団体の政治資金収支報告書も、このどちらかに提出されています。

基本的に、一つの都道府県内を主な活動地域としていればその都道府県の選管に、二つ以上の都道府県にまたがって活動していれば、総務大臣に提出することになっています。このため、地方議員の場合は各都道府県の選管に提出されているケースがほとんどですが、地方自治体の首長が地元都道府県選管提出分以外に、総務大臣提出の政治団体を持っている場合もあります。国会議員の場合は複数の政治団体を持っていて、総務大臣と地元の都道府県選管の両方に届け出ている場合もあるので注意が必要です。

提出された報告書は一般市民にも公開することになっており、政治資金収支報告書の場合は、総務省か各都道府県選管のウェブサイトからＰＤＦファイルとして保存された報告書の原本を見ることができます。

ただし、四七都道府県の中で新潟県だけはインターネット上で政治資金収支報告書を公開していません（報告書の要旨が掲載された県報のＰＤＦは公開しています）。二〇〇四年には総務省が各都道府県選管に対してインターネットでの公表を積極的に検討するよう通知しているのですが、これがなかなか進まず、一〇年ほど前の段階では全体の半分ほどの都道府県しか対応していませんでした。近年、市民からの声の高まりもあってようやく、インターネット公開が当たり前になっています。二〇二三年に石川、広島、福岡の三県が新たにインターネット公開への対応を決めたことで、残るはついに新潟県のみとなりました。ただし、すべての政治団体ではなく、国会議員関係政治団体だけの政治資金収支報告書をネット公表している県選管もあるので、注意してください。

各都道府県選管の事務所を訪れて政治資金収支報告書を閲覧しなければならないとなると、近くに住んでいる人以外はなかなかアクセスできません。また、遠方の市民は情報公開請求して開示を得るしかありません。インターネット上に公開することで初めて、多くの人が実際に収支報告書をチェックすることができるようになるのです。これまでネット公開を渋っていた都道府県の中には、地元議会の与党から反対があって公開を止められていたところもあると聞いています。地方の与党というのはだいたい自民党系ですが、多くの人に見られたらまずい報告をしているから圧力をかけたとしか思えません。

また、政治資金収支報告書の保存期間は三年であるため、その公開も直近三年分のみに限られていて、期限が過ぎたものは見られなくなってしまいます。衆議院議員の任期が四年ですから一期分にも満たないわけです。不記載や虚偽記載が発覚した場合の時効が五年であることを考えると、三年分だけでは、どう考えても短すぎます。参議院議員の任期は六年ですから、少なくとも七年以上は残しておいてほしいものです。政治資金規正法を改正して、保存期間を延ばす必要があります。今は資料がデジタル化されているのだから、半永久的に保存することも不可能ではないはずです。

他にも、都道府県によって情報を検索で探せるところとそうでないところがあったりして、自力で情報を探すのはかなり大変です。まず、一般の人にとっては、それぞれの政治家がどんな名前の政治団体を持っているかがわかりません。

総務省のウェブサイトでは、「国会議員関係政治団体」については議員の名前ごとにまとめられているのですが、各議員が持っている「その他の政治団体」についてはどんな団体があるのか、普通の人にはわかりません。その議員の事務所やウェブサイトで、自分と関係がある政治団体の名前を全部公開してくれていればいいのですが、そんな親切な議員はなかなかいません。こうなると、一つ一つの団体の収支報告書の中身を見てお金の流れや事務所の所在地をチェックし、どの議員と関連している政治団体かを一つ一つ特定していかなければならず、非常に面倒な作業が要求されます。

そんなわかりにくさもあるので、一般の人は収支報告書を見たことがない人がほとんどなのではないでしょうか。そもそも、収支報告書がインターネット上で公開されていることすらもあまり知られていないと思います(**表18**)。

政治資金収支報告書のほかに、選挙に関する収支については別途、「選挙運動費用収支報告書」が各候補の出納責任者(候補者本人のこともある)によって作成、提出されます。こちらは公職選挙法に基づいていて、それぞれの選挙を管理する選挙管理委員会に対して提出されます。参議院の比例代表選出議員の場合は総務省に情報公開請求して入手します。都道府県の首長や議員の場合は各都道府県の選管、市区町村の首長や議員の場合は各市区町村の選管に情報公開請求して入手することになります。

表18　報告書のインターネット公表の有無

◎：閲覧・保存・印刷可　○：閲覧可　×：非公表

報告書の種類	公開の主体	インターネット公表	公表期間
政治資金収支報告書	**総務省**	◎	**3年**
	多くの都府県選挙管理委員会	◎	**3年**
政党交付金使途報告書	総務省	○	5年
	都道府県選挙管理委員会	×	
選挙運動費用収支報告書	総務省	×	
	都道府県選挙管理委員会	×	

※政党交付金使途報告書と選挙運動費用収支報告書の入手には情報公開請求して開示を受ける必要あり

また、政党交付金については、各党が提出した「政党交付金使途等報告書」を総務省のウェブサイトで公開しています。保存時間が五年なので、ネット公表も五年です。しかし、公開の方法について政党助成法で「閲覧」しか認められていないという理由で、わざわざPDFファイルを印刷できない不便なつくりになっています。パソコンの画面を写真に撮るなどすれば情報を保存することは一応できるのですが、非効率で意味のない作業に時間がとられることになります。こんなハードルを設ける意味はまったくありませんから、政党助成法を改正して、政治資金収支報告書と同じように印刷可能にすべきです。

私は、一般の人が政治家の政治資金について気軽にチェックすることができるような状態になっていることが理想的だと思います。それこそ、友だちと居酒屋に行ったときにスマホを取り出して、「地元のあの議員と言えば、変なことにお金を使っているみたいなんだ。キャバクラみたいなところで会議をしたことにしているけど、そんなところで会議なんかできるのかね。ほら、この収支報告書を見てみろよ」といった具合に情報にアクセスできればいい。こういう会話が市民の間でもっと気軽にできるようになったら、政治は変わっていくはずです。

ところが、現実にはなかなかそうはなりません。私はそもそも、過度な競争を強いられている今の日本社会の仕組みによって、多くの国民がプライベートを楽しむはずの時間まで削って働き続けなければならない状態にさせられていること自体が問題だと考えます。仕事が忙しすぎて、自分の住んでいる地域の政治がきちんと行われているか、自分たちの代表である議員がどんな人物で、どんな仕事をしているかということを考えたり、チェックしたりする余裕がないのです。

一日の労働時間は八時間に抑え、八時間睡眠をとって、あとの八時間は自由な時間を持てるようになれば、多くの人がもっと市民運動にも参画するようになるはずなんです。しかし今のように、特に非正規労働者だといくら一生懸命に長時間働いても「ワーキングプア」と言われるようなギリギリの収入しか得られない。市民運動なんかしているヒマがあったらもっと働くよ、という考えにもなるでしょう。まさにこれまでの政治が作り上げたシステムによってこんな余裕のない社会になったとも言えるわけですが、そのため人々はより一層、市民活動ができないように疲弊させられてしまっている。こうして政治に対して市民の無関心が広がっていく中で、さらなる権力の暴走を許すという悪循環に陥っているのです。

ささいなことと思っても、自分が住んでいる地域の政治家について調べてみることが、積み重なれば大きな変化につながる可能性もあります。是非、自分が住んでいる地域を代表している国会議員や地方議員について、政治資金収支報告書を調べてみる習慣をつけてください。たいていの場合、すぐに不正が見つかるということはなかなかないと思いますが、それでも、その政治家がどんな人物でどんな姿勢で政治を行っているのか、どんなことにお金を使っているのかなど、報告書から意外な一面が見えてくることもあると思いますから、決して無駄な作業にはならないはずです。

私が理事を務めている公益財団法人「政治資金センター」では、一般市民がなるべく簡単に政治資金の情報にアクセスできるように、過去の政治資金収支報告書を保存して公開しているので、これを読んでいる皆さんにも是非、活用してもらいたいです。こうしたデータベースを維持するにもお金や人手がかかるのですべての政治団体はカバーし切れておらず、内容は国会議員関係政治団体が中心になっていますが、二〇二二年分の収支報告書からすべての政治団体のものを収集して公表するよう取り組んでいます。

誰でもできる政治資金収支報告書のチェック方法

では、実際にある議員の政治資金について、おかしな点がないかチェックしていくにはどうすればよいのでしょうか。

一番わかりやすいのは、大きなお金の流れを追ってみることです。自民党の国会議員の場合、たとえば「自民党〇〇県第〇〇選挙区支部」とか「自民党〇〇県衆議院比例区第〇〇支部」とか、自分が立候補した選挙区にある党支部の代表になっていることがほとんどです。

自民党本部の収支報告書の支出欄を見ると、たとえば各地域の自民党選挙区支部に対して「支部交付金」の名目で数十万円から数百万円ずつお金が支出されています。このようなお金の流れについて、お金がわたっている各政党支部の収支報告書の収入欄と照らし合わせて、整合性があるかどうかを確認していきます。

こんな単純な作業だけでも、支出欄と収入欄で金額が違う場合や、支出した日付と受け取った日付がまったく違う、という例が見つかったりします。中には単純な記入ミスに見えるものもありますが、明らかにおかしいという場合もあります。たとえば自民党本部の側に支出した記録があるのに、受け取った側にまったくそのことが書かれていなかった場合。このパターンがある意味では一番わかりやすくて、入金されたお金は帳簿に残らない「裏金」となってしまっていますから、収支報告書の不記載で刑事告発することができます。

こうしたお金の流れは政党本部から政党支部へだけでなく、派閥から所属議員の資金管理団体に対して支出されていることもありますし、ある議員の「国会議員関係政治団体」からその議員と関係のある「その他の政治団体」に対して「寄付」などの名目で支出していることもあります。こういった事例についても、収入側と支出側に整合性があるか逐一見ていくことで、不正をチェックしていきます。

また、前にも説明したように、すぐに不正とわからなくても、お金の流れをチェックすることで、次第にその議員がどんな政治団体を持っているのかの全容が見えてきます。特に「国会議員関係政治団体」からより透明性の低い「その他の政治団体」へと恒常的にお金を流している場合、その政治家が支出について何かを隠したがっていることが疑われます。

このように、ある議員についての政党や政治団体の間でのお金の流れをチェックすることは、政治資金について調べるうえでの基本中の基本と言えます。

もう一つ注目すべきなのは、支出の内容です。

よくあるのは、「会議」の名目で女性がお客を接待するクラブやキャバクラのような店を使用している場合。そんな環境ではまともな会議などできるはずがありませんから、実質的には個人の「遊興費」としてポケットマネーから支出すべきものに政治資金を使ってしまっていることになります。

日常生活のための飲食代やお菓子代、プライベートで使う家電製品代などを支出している場合もあります。安倍晋三元首相の資金管理団体「晋和会」が、アイスの「ガリガリ君」を買うお金を政治資金から支出していたことが発覚して問題になったことがありました。このように、本来は個人の財布から支払うべきものに政治資金を使っているような事例が見つかることがあります。

こうした不適切な支出の多くは、即座に刑事事件になるようなものではありません。しかし、このような公私混同が政治的、道義的に見て許されるのかという視点からすると、見過ごしていいものでもありません。そもそも政治資金規正法の趣旨というのは、このように政治的、道義的な視点も含めて政治資金の流れを国民の目で監視していこうというものです。違法なものだけ探そうしてもなかなか見つからないでしょうが、こういった細かな点で不適切な支出がないかを指摘していくことは非常に大きな意味を持つと思います。

前にも説明したように、「国会議員関係政治団体」は一万円を超える支出について、「資金管理団体」や「その他の政治団体」は五万円以上の支出について、その明細を政治資金収支報告書に記載することが義務づけられていて、これら明細に記入した項目については政治資金収支報告書と一緒に領収書の写しも提出することになっています。

領収書の写しについては、収支報告書と違ってインターネット上で公開されていないため、総務省や各都道府県選管に情報公開請求をかける必要があります。総務省の場合、開示決定されるまでに一カ月かかりますし、都道府県選管の場合、二週間ほどかかります。開示決定書が届いたらコピー代の支払いの手続きが必要です。開示を受けるまでに日数と手間がかかります。早くネットでも公表するようにしてほしいものです。

また、もっとも高い透明性が求められている「国会議員関係政治団体」は、一万円以下の少額の支出についても、情報公開請求されれば、領収書の写しを公開しなければならないことになっています。先の「ガリガリ君」の例などは、少額領収書を調べた結果見つかったものです。

少額領収書の写しは総務省や都道府県選管に提出はされていませんが、私たちのような市民から情報公開請求があった場合には、総務省や都道府県選管から各政治団体に問い合わせが行き、写しを提出することになりますので、開示を受けるには、もっと日数を要します。

このように面倒な作業ではありますが、収支報告書だけでなく領収書もチェックすることで、支出についてより詳細な情報がわかります。「会議」の名目で居酒屋を使っていて、本当なのかと思って但し書きを見たら空欄だったのでやっぱり怪しい、とか、複数の領収書が同じ筆跡で書かれているなど、事務所の人間が後からまとめて記入したことが疑われる痕跡が見つかるようなこともあります。

支出を調べる上では、地元の市民の目で監視することが特に大きな意味を持ちます。たとえば「会議」の名目でキャバクラで遊んでいた場合があったとして、このような店の領収書というのは発行元の会社名が「○○興行」のようになっていて一目でお店の種類がわからないことがよくあります。私たちや東京の報道機関が調べても何のことかわからなくても、地元の人であれば、「ああ、この会社名はあれだな」と気づいたり、住所に書いてある現地を見に行くことで真相がわかったりするかもしれません。あるいは、ある議員の事務所費がその立地の不動産の相場よりも不自然に高いなどという場合があります。これも、地域の相場を知っていれば気がつきやすいですし、地元の不動産屋さんに気軽に話を聞くこともしやすいので、比較的容易に調査が行えるでしょう。

もし一般の市民の方が報告書をチェックしていて、怪しいと思われる箇所や、不正らしきものを見つけた場合、どうすればいいでしょうか。この扱いは、法律の知識がない人にはなかなか難しいと思います。法律の知識がない人が告発状を書いてもうまくいかないことも多いでしょうし、勘違いで告発してしまうリスクもあります。政治資金オンブズマンにご連絡いただければ、内容にもよりますがこちらで詳しく調べることも可能ですので、そういう場合はご一報をいただければと思います。

政治資金オンブズマンや政治資金センターでは収支報告書の読み方の解説もしていますし、私は、報道機関の記者から頼まれて学習会を開いたこともありますので、市民の方々にはそうした機会も活用してほしいと思います。もし、地元に市民運動に理解のある弁護士がいれば、告発状の原案を書いてもらうこともできるでしょうから、連絡してみるのも有効かと思います。

「政治資金パーティー」の不正を暴くには

ところで、今回、検察が動いた安倍派のパーティー券問題のような、政治資金パーティーにまつわる疑惑はどうでしょうか。これは、ここまで説明してきた事例よりも複雑な面がありますが、それでもある程度のチェックは可能です。

政治団体が政治資金パーティーを開催した場合、政治資金収支報告書に記載することが義務づけられています。パーティーを行った日付と会場、収入総額、経費支出といった情報は、報告書を確認することで知ることができます。収入が一〇〇〇万円を超えるものについてはパーティー券を買った人数も記載されています。一つのパーティーで二〇万円を超えるパーティー券を買った個人、会社、政治団体については、その明細も報告書に記載する必要があります。

パーティーを主催した側の報告書に、二〇万円を超えるパーティー券の購入者として名前が記載されている者のうち、相手が政治団体の場合は、相手側の政治資金収支報告書の支出欄にも、同額の支出が記載されているはずです。ここに齟齬がないかをチェックしていくことが、最初にできることかと思います。たとえば、パーティーを主催した議員の政治団体の報告書で、ある業界でつくる政治団体Xが五〇万円のパーティー券を買ってくれた、という記録があったとします。そこで、政治団体Xの側の収支報告書を確認してみると、パーティー券購入分として七〇万円と記載されていました。こうなると、残りの二〇万円はどこにいったのか、という話になります。議員側が意図的に記載せず、裏金にしていた可能性も考えられるケースです。

このようにわかりやすい矛盾があればまだ見つけやすいですが、パーティーを主催した議員の政治団体の側に、購入した政治団体Xについての記載が一行もなかった場合、調べる側からしたらXの存在すらわからないのですから、金額を照会することは困難です。

自民党派閥の裏金パーティー問題でもこれに当てはまるケースがたくさんありましたが、疑惑をスクープした「しんぶん赤旗」日曜版の記者は、「パーティーを主催した安倍派の収支報告書には書かれていないけれど、この業界の政治団体ならパーティー券を買っているかもしれない」と予測して、疑わしい政治団体の報告書を一つ一つしらみつぶしに調べていったのです。全国には約五万七〇〇〇の政治団体が存在しますから、知識もマンパワーも必要とする途方もない作業です。こうした地を這うような地道な努力の結果として、政治資金パーティーを利用した組織的な巨額の裏金づくりという、それまで見過ごされていた大きな不正を暴くことができました。見事な仕事だったと思います。

しかし、この手法でわかるのは、パーティー券を購入した側が、政治資金収支報告書に支出を記載する義務のある政治団体の場合だけです。相手が企業だった場合、たとえ二〇万円を超えるパーティー券を購入してもらっているのを主催側が記載せずに裏金にしていていても、私たちとしては調べる術がありません。安倍派のパーティー券問題でも、表に出た金額は「氷山の一角」に過ぎない可能性があります。こうした問題を断ち切るためにも、やはり、企業からの献金はパーティー券の購入も含めて禁止すべきです。

また、前述したように武見敬三氏が代表を務める政治団体「敬人会」はオンライン講演を開催して、政治資金パーティーと同じ高額な二万円の会費を徴収していながら、政治資金収支報告書に二〇万円を超える会費支払者の明細を記載していませんでした。私は二〇二三年一〇月、武見氏らを二〇万円超の政治資金パーティー収入明細不記載罪(政治資金規正法違反)で東京地検に刑事告発しましたが、東京地検はそもそも政治資金パーティーに該当しないとの理由で告発状を戻してきました。そこで、私は、オンライン講演について、どれくらいの会費が相場か調べたところ、一〇〇〇円程度だったので、講演を収録したDVDを会費支払者に送付する費用を含め二〇〇〇円がオンライン講演の会費であり、残りの一万八〇〇〇円は寄付だったとして、虚偽記入罪と不記載罪(政治資金規正法違反)で告発状を東京地検に送付したのですが、これも戻されてきました。

刑事告発できないとなると、政治資金パーティーと同じ高額の会費を徴収したオンライン講演会は政治資金規正法で禁止するしかありません。企業の会費支払も確認できないので、全面禁止は当然です。

誤解が生じないように書いておくと、収支がプラスマイナスゼロになることを予定して企画された事業は禁止する必要がありませんが、寄付金と同じ透明度を確保すべきですので、五万円超の支払者の明細を記載するよう義務づけるべきです。ただし、企業が会費を支払うことは、国民がその支払額を確認できない以上、禁止すべきです。

終章　真に求められる政治改革とは

まずは収入源を断つことが第一

「政治とカネ」の問題がこれ以上起きないようにするために、求められる真の改革とは何なのでしょうか。

議員たちが不正をしないよう個別に監視していくことはもちろん重要ですが、それは「対症療法」に過ぎません。真に求められているのは、様々な「政治とカネ」の問題を引き起こす元凶となっている、現在の歪んだ制度を改革することです。

ここまで説明してきたように、もっとも効き目があると思われる改革は、「資金中毒」に陥っている国会議員たちに、これ以上余分なお金を与えないようにすることです。すなわち、憲法違反の政党交付金を廃止すると同時に、「事実上の賄賂」である企業献金も、政党へのものも含め完全に禁止することです。企業献金の「抜け道」となっている政治資金パーティーについても全面的に禁止すべきです。自民党の派閥が裏金をつくれた最大の原因は、パーティー券を大量購入する企業には、国民や記者がチェックできる収支報告制度がなかったからです。国民がチェックできないために、それがわかっている派閥と国会議員は簡単に裏金をつくれたのですから、企業の政治資金パーティー券購入は全面禁止すべきです。また、個人や政治団体などであっても、政治資金パーティー券を大量購入していながら、誰も参加しなかったり、一部の者しか参加しなかったりするものが多くあるので、やはり全面禁止すべきでしょう。

政治にはお金がかかるのだから、そんなことをしたら国民のための仕事ができなくなる、と国会議員は主張するでしょう。しかし、そんな言葉を信じる必要はありません。すでに説明してきたように、国会議員には歳費や立法事務費、調査研究広報滞在費など十分なお金が税金から支払われており、この範囲で活動してもらえばいいのです。

まだ政党交付金のなかった一九六七年に設置された「第五次選挙制度審議会」が「政党の政治資金は、個人献金と党費により賄われることが本来の姿である」と指摘していたことからもわかるように、政党交付金と企業献金の両方ともなくしても、政治家はやっていけるのです。現に今でも無所属の国会議員は、政党交付金の受け取り資格が認められていませんし、企業献金も受け取れません。既存の政党はこのことを踏まえるべきです。

一方、政治団体がどんなことにお金を使うかは、「結社の自由」にも関わってくるので、それを法律でどこまで規制できるかというのはなかなか難しい問題です。同様に、よくわからない政治団体を複数立ち上げてお金を還流するのもやめてほしいですが、法律で規制すれば「結社の自由」を侵害しかねません。それよりも、まず今のような潤沢すぎる資金源を絞って余分なお金が入ってこないようにすることで、裏金をつくったり、政治団体間で怪しげなお金の還流をしたりするような行為は今より減ってくると期待できます。

本来は一九九四年の政治改革の際に、こうした法律改正をしておくべきでした。しかしあの時は、中選挙区制と派閥政治が問題の元凶であるように巧妙にターゲットがすり替えられてしまった。企業献金の全面禁止は先送りされるなど、肝心のお金の「入り」については抜け道が残されたばかりでなく、逆に政党交付金を導入して収入源を増やすような改悪がなされてしまいました。この失敗の教訓を胸に刻む必要があります。今回自民党内から「改革」をしようという動きが出ていますが、本来は政治資金の「入り」を規正して不正につながる資金源を断たなければならないはずなのに、またも「派閥を解消すべきか」といった組織論に論点がずらされようとしています。この「改革」がまたもこれまでと同じごまかしに終わらないよう、よくよく監視しなければなりません。

合法的な裏金もなくせ

政治資金の「出」の改革も不可欠です。政治資金の公開は憲法の保障している知る権利が要請していますし、民主主義にとってもなくてはならないことです。裏金は知る権利の保障と民主主義の原理に反するのです。政治資金規正法は、本来、政治資金の収支の透明化を図りその是非を国民の判断に委ねているにもかかわらず、裏金はその判断する機会を国民から奪っていることになります。ですから、同法が裏金を認めていること自体、矛盾しています。矛盾は解消しないといけませんよね。

議員ら「公職の候補者」個人は政治資金について収支報告制度がないので、政治資金規正法は「公職の候補者」に政治活動に関する寄付をするのを原則として禁止しています。しかし、政党(本部、支部)が行う場合を例外として認めているため、それを受け取った「公職の候補者」がその後、いつ何に幾ら使ったのか、一切わかりません。すでに紹介したように、自民党本部は年間に約一〇億~二〇億円を「政策活動費」名目で幹事長らに寄付していますし、同党の都道府県支部連合会や選挙区支部などの各支部でも「組織活動費」や「活動費」などの名目で同様に県議や市議らに寄付しています。これらはいずれも合法的な使途不明金＝裏金です。他にも同じような使途不明金となる寄付をしている政党がありますが、最多の政党交付金を受け取っている自民党の金額は突出しています。全国に裏金が蔓延しているのです。自民党の派閥の政治団体が裏金をつくったのは、これに誘発されたのでしょう。政党の合法的な裏金は、政治資金の透明化を目的としている政治資金規正法の趣旨に反するのですから、一刻も早く例外を認めず禁止しなければなりません。

また、衆参の国会議員に交付されている調査研究広報滞在費（旧・文書通信交通滞在費）は使途報告制度がないので、これも使途不明金になっています。衆参の院内会派に交付されている立法事務費は、政党又は資金管理団体の政治資金収支報告書で収入として記載しているところが多いようです。しかし、調査研究広報滞在費と同じく立法事務費も国会での公的活動のためにしか使えない公金ですから、両者は一つに統合して院内会派に交付するようにして、厳格な使途基準を決めて、各会派に使途報告を義務づけて国民が手軽に使途をチェックできるようにすべきです。

内閣官房報償費は会計検査院もその使途をチェックできないので官房機密費と呼ばれ、内閣官房の公務のためにしか支出が許されない公金です。しかし、前述したように、まるで自民党の政治資金であるかのように私物化して使われているという重大な疑惑があります。原資が税金である以上、使途を永遠に公開しないのは、どう考えても、知る権利の保障や民主主義の原理に反します。支出情報の秘密の程度に応じて、公開しても内閣官房の公務に支障のない時期がそれぞれあるはずです。たとえば三年後、五年後、一〇年後など、秘密の程度にあわせた適切な時期に使途を公開し、公金の私物化に歯止めをかけるべきです。

「トカゲの尻尾切り」を許すな

これまで説明してきた通り、私が考える改革の本丸は「資金源を断つこと」なのですが、それ以外にも細かなところで現在の制度には改革の余地があります。

たとえば、政治資金収支報告書の記載義務違反や虚偽記載といった犯罪について、すべては秘書や事務所の責任者が独断で行ったことにさせられて、政治家本人は責任を免れるということが往々にしてあります。今回の安倍派のパーティー券問題でも、国会議員はそう弁明していますが、いわゆる「トカゲの尻尾切り」などと批判されるケースです。

現行の政治資金規正法では、政治資金収支報告書の虚偽記載などがあった場合、罪に問われるのはあくまで収支報告書を作成、提出した人物になります。収支報告書は会計責任者の名前で出さなければいけないと定められているので一般的には会計責任者が刑事責任を問われますが、会計責任者が名前だけ貸していて、実質的には事務所の人が作成していたという場合は、その作成者の刑事責任が問われることになります。

政治団体の代表者になっている政治家本人の責任がどうなるのかと言うと、会計責任者など収支報告書の作成者との共謀が立証できないと起訴できませんので、政治家の立件のハードルは相当高くなります。実際のところ、安倍派のパーティー券疑惑のように組織的な規模で裏金づくりが行われているようなケースが事務所スタッフの独断で行われたとは考えづらく、政治家本人が指示していると考えるのが自然なのですが、いざ立証するとなると難しい。

こうした事態を避けるために考えられる改革の一つが、政治資金規正法に「連座制」を導入することです。日本では公職選挙法で連座制が定められていて、選挙の候補者や立候補を予定している人と一定の関係にある人が買収などの選挙違反に関わった場合に、たとえ候補者本人が関わっていなくても政治家の当選が無効となり、その選挙では同一の選挙区から五年間は立候補できなくなります。この「連座制」の規定を強化して、政治資金規正法違反などで会計責任者または事務担当者が有罪になれば代表者の議員も失職するとする改革案が考えられます。この案については、公明党の山口那津男代表がテレビ番組に出演した際に「一つの手段だと思う。それも含めて検討したい」と話していました。ただし、公職選挙法の連座制を、選挙以外の政治活動も含む政治資金の流れについても適用することが適切かどうかは、議論の分かれるところだと思います。また、地検は会計責任者でさえも、なかなか起訴しませんので、「連座制」が導入されても満足すべきではありません。

これとは別に考えられる手段が、政治資金収支報告書の提出者を、現在のように会計責任者だけでなく、その政治団体の代表者も連名で含んだものにするか、代表者本人の名前で提出するよう義務づけることです。実は現行法でも、政治団体が解散した後に提出する政治資金収支報告書には代表者本人の名前も明記することになっています。ただし、代表者も会計帳簿を管理する責任を負うようにすべきです。

先ほど説明したように、現状では、政治資金収支報告書の記載義務違反や虚偽記載が発覚したときに罪に問われるのは、会計責任者などその報告書を作成、提出した人になります。ここで、初めから議員本人も会計帳簿を管理して収支報告書を提出するように定めておけば、内容に対して本人が責任を持つことになり、「トカゲの尻尾切り」も封印されるというわけです。

もっとも、これに対しては、多忙な議員が政治団体の収支を漏れなく管理する時間が十分にあるわけではないので、会計責任者に任せるしかないだろうという反論が予想されます。確かに、一年間の政治資金の出入りの激しい選挙区支部や資金管理団体の収支を漏れなく管理するのは事実上困難かもしれません。そこで提案したいのは、一年間ではなく、三カ月分（一～三月、四〜六月、七〜九月、一〇〜一二月)または四カ月分(一〜四月、五〜八月、九〜一二月)の収支にすることとです。実は、かつては、そうしていたのです。短期間の収支であれば、多忙な議員でも会計帳簿を管理できるのではないでしょうか。

もう一つ、国会議員本人の責任逃れを許さないために提唱されている方法があります。現行の政治資金規正法では、国会議員など政治団体の代表者が「会計責任者の選任及び監督」について「相当の注意を怠ったときは、五〇万円以下の罰金に処する」となっています。この規定では、会計責任者が収支報告書の虚偽記載などの不正を行った場合でも、代表者である議員は「選任」と「監督」の両方について相応の注意を怠ったと認められてはじめて責任が問われることになると解釈されています。会計責任者を選任する段階でその人が不正をするとわかっていることは通常考えづらいですから、この条文は実効性を持たないものになってしまっているのです。

これを問題視した国会から、条文を改正して「選任又は監督」とすれば、会計責任者の不正に対して議員の監督責任を問うことができるようになるとして改正法案が提出されたこともありました。二〇一〇年のことですが、成立することはありませんでした。この改正については、今度こそ実現させるべきです。

「完全な比例代表制」導入のススメ

ここまで見てきたように、議会制民主主義を歪めてしまった一つの原因が、一九九四年の政治改革で導入された小選挙区制です。

多数の死に票が発生する小選挙区制によって、国民世論の実態に比べて与党が過剰に代表されることになり、それが内閣に対する国会の力を弱めていく結果になりました。また、政党助成金が与党に過剰に流れ込むことで、与党議員が「資金中毒」になる一因にもなっています。

こうした問題を解消するためには、やはり小選挙区制を見直す必要があると考えます。では、それならばかつてのような中選挙区制に戻すのがよいのかと言うと、私はそうは思いません。

かつての中選挙区制というのは比例代表制に近い要素もある、いわば準比例代表制だという評価もありました。その点では一定程度評価できるわけですが、今から復活させるべきではない一つの理由は、選挙区や定数を決める際に恣意的な設定がなされてしまう余地を残しているからです。現在のように与党が圧倒的に強い状況では特に危険です。

たとえば、多くの選挙区を「三人区」にして、地域の線引きも自分たちに有利なように調整すれば、「自民党二人、公明党一人」だけが当選するような選挙区をいくつもつくることができる可能性があり、少数政党は圧倒的に不利です。結果として自民党と公明党だけで限りなく多くの議席を支配できてしまうことになり、国会のチェック機能は働かなくなります。

では、どんな制度ならば議会制民主主義を取り戻すことができるのか。私が提唱しているのは、「完全な比例代表制」です。

なぜ、比例代表制が議会制民主主義にもっとも相応しいのでしょうか。前にも説明したように、議会制民主主義とは、本来は理想的な形であるはずの直接民主主義が実現できないため、なるべくそれに近い議会をつくることを目的としています。つまり、国会を主権者である国民の縮図になるように、民意を正しく反映する必要があります。小選挙区制では過剰代表が生まれることで民意が歪められてしまいますが、比例代表であれば国民からの支持率の比率がそのまま各勢力の議席数の割合となるため、限りなく投票者の意見の縮図に近い形の議会をつくることができるのです。

ここで忘れてはならないのは、いま衆参で行われている比例代表選挙には、無所属の候補者が立候補できないという大きな欠陥があることです。これは無所属候補の立候補の権利を不当に侵害しており、憲法違反です。完全なる比例代表制では、無所属の候補者も立候補できるようにしなければいけません。

具体的な選挙のやり方については いくつかの可能性がありますが、一つのイメージとしては、全国を一つの選挙区にして、そこで比例代表選挙を実施することが考えられます。現在の制度でも参院選の比例区が全国で一つの選挙区になっていますから、これに近い形です。

地域ごとの事情を反映した選挙にするとしたら、衆院選の比例代表制のように北海道、東北、北関東……といった地域ごとのブロックにすることも考えられます。ただしこの場合、現在の制度のように最初から各ブロックの定数を決めてしまうべきではありません。このやり方では、普通選挙である以上必要であるはずの「投票価値の平等」が損ねられているからです。

投票価値が平等であるということは、有権者が投じる一票の価値が誰でも同じであるということで、投票前にも投票後にも保障されていなければなりません。投票前については、人口比を考えて偏りが出ないような区割りをすることで解決できます。一方で投票後については、ブロックごとに投票率にバラつきがあることで一票の価値にも差がついてしまいます。

たとえば、あるブロックでは投票率が四〇%、別のブロックでは投票率が六〇%だったとします。こうなると、投票率が低いブロックから出馬した候補者のほうが少ない票数で当選できてしまうのです。

こうした事態を避けるために、先に定数を決めずに選挙を行い、投票して集まった票数によって各ブロックの議員数が決まる形にするのです。投票率が低かった地域は議員の数が少なくなってしまいますから、有権者の棄権が減る効果も考えられます。ドイツではこうした仕組みが採用されています。

衆参の議員総数についても有効投票数で決定する方法も一案です。有効投票総数が多ければ国会議員も多くなり、有効投票総数が少なければ国会議員も少なくなるというものです。

また、投票先を政党にするのか、はたまた候補者個人にするのかも決める必要があります。現在の制度では、衆議院が「拘束名簿方式」といって、比例代表に立候補する議員の当選の順番を各政党が上から決めてしまえるやり方を採用しているのに対し、参議院は「非拘束名簿方式」といって、有権者が候補者個人の名前でも投票できるようにして、獲得した票数でその党の中の当選の順番を決めていくやり方をとっています。

これについては、どちらが優れているかは一概には言い切れません。非拘束名簿方式で支持する政治家個人まで選べたほうが有権者の意見がより反映されると考えることもできますが、拘束名簿方式のほうが、一般の人たちには有名ではないけれど実は専門知識があって有能なので党としては公認したい、というタイプの人が選ばれる余地を残せるかもしれません。あるいは全議席数のうち半分を拘束名簿方式、もう半分を非拘束名簿方式にするといったやり方にすれば、多様性が確保できるかもしれませんね。

細部をどのように設計するかはともかくとして、「完全なる比例代表制」を導入することによって、現在のように与党が過剰代表された議席配分は解消されますから、与野党の議席が拮抗に近い形になっていくと思われます。

近年の衆院選の得票率で見ると自公で過半数を超えていないので、現在のように自公だけで過半数の議席を維持するのが難しくなり、三つ以上の政党による連立政権がつくられていくことになると予測できます。現に、比例代表制を採用しているヨーロッパの国々の多くが、こういった形の連立政権になっています。

こうなると、選挙後はどこが連立政権入りするかで、政党同士の綱引きが行われることになるでしょう。そうしたことを一定の期間続けることによって、国民の政治を見る目も変わってきて、野党だと思っていたけれど実は与党と変わらなかったなどと、各党の本質もよりハッキリと見えてくるのではないかと思います。

連立の組み方次第で政権の性質が変わるような政治は不安定だという批判があるかもしれませんが、現在の日本のように政権交代の可能性がまったく感じられず、政治への諦めが広がって投票率もなかなか上がらないような状況が続くよりは、まだ希望が感じられるのではないでしょうか。

そもそも、一般国民の投票率が上がらないからこそ、業界団体や宗教団体のような組織票によって自民党や公明党が勝ち続けられているわけです。新しい選挙制度で自分の入れた一票が各党の議席数にダイレクトに反映されるんだということを実感できれば、投票率は間違いなく上がるでしょう。これまで棄権していた人たちが投票所に行くだけで、政治はガラッと変わる。政界から失われて久しいダイナミズムを取り戻すことができるのです。

さらに言えば、都道府県議会など会派のある地方議会の選挙制度も、同じ理由で、無所属の立候補を認めた完全比例代表制に改革すべきです。

選挙制度が変われば「政治とカネ」も変わる

「完全なる比例代表制」を導入することで、与党による過剰代表が解消され、より民意を正確に再現した議会をつくれることはここまで述べてきた通りです。

これに加えて、この本のテーマである「政治とカネ」の問題も、新しい選挙制度によって改善されていく可能性があると私は考えています。これまでたびたび大きな「政治とカネ」の問題が起きて、多くの政治家が検挙されたり、失脚したりしてきました。それでも、自民党の金権体質は一向に変わらない。なぜかと言えば、全部を政治家個人の責任にしてしまうからです。不祥事があった場合には本来、その候補を公認して当選させた政党が説明責任を果たすべきですし、同じような事態が二度と起こらないように、再発防止策を講じる義務もあるはずです。ところが現在は何か不祥事があっても、総裁や党幹部は「本人が説明責任を果たすべきだ」などと言うばかり。世論の批判が高まってくれば閣僚や副大臣、政務官など政府の役職は更迭しますが、あとは議員本人のみの責任ということにして、党本部は知らぬふりを決め込みます。こうした対応もあって、有権者も「政治とカネ」の不祥事をあくまでも議員個人の問題と考えがちです。問題を起こした議員本人は自分の選挙区で有権者の信頼を失って次の選挙で落選するかもしれませんが、当人と別の選挙区にいる自民党の候補者を落選させようという流れにまでは広がっていきません。だから他の選挙区の候補者たちは「あの人の責任だから、私は関係ない」と安泰でいられるわけです。こうなると、自民党内で不正をチェックしたり、再発防止策を講じたりする機能が働きませんから、当然、事態が改善する方向に動くことは期待できません。実際、安倍派等の政治資金パーティー裏金事件を受けても、自民党は党としても、派閥としても記者会見を開いていません。キックバックを受けた議員もきちんと記者会見すべきなのにやっていない。小選挙区制を続けている以上、自民党に自浄作用を期待するのは難しいのではないかと思います。

もしこれを、完全比例代表制に変えたらどうなるでしょうか。ある議員が不祥事を起こした場合、即座にその所属政党に入れられる票の減少につながりますから、「あなたが問題を起こしたために、党全体の得票率が下がって、自分が当選できなくなる、どうしてくれる」と厳しい評価になっていくはずです。「中途半端な説明では次の選挙が大変だ」「党の存亡の危機だ」となりますから、説明責任を果たすようになるはずですし、再発防止策も今よりは本腰を入れて考えるようになるのではないかと思います。

もう一つ期待できる変化は、女性議員の比率が今より高まることです。現在の小選挙区制やそれに近い参議院の選挙区選挙では、各党が候補者を一人や少数に絞らなければなりませんが、こうなるとどうしても、すでに地盤があって知名度の高い現職議員や世襲議員が公認候補に選ばれやすくなります。保守政党はもともと男性優位なので、現職議員が多いということは男性議員ばかりになり、女性の新人候補が公認されるのが難しくなってしまっています。

地盤に縛られた小選挙区制をやめれば自民党であっても女性議員は今より出馬しやすくなる

でしょうし、過剰代表されている自民党の議席が減ることで女性議員の比率が高い野党の議席が増えれば、結果的に女性議員が増えることになります。

また、比例代表制にすることで、人物本位よりも政党・政策本位の考え方に有権者が変わっていく効果も期待できます。

現代の日本では「所属政党よりもこの候補者の人柄にほれ込んで投票する」といった考え方はそれほど珍しくないように思います。このように人物本位で投票先を決める考え方も否定はしませんが、行き過ぎるとおかしなことになります。たとえば自民党の河野太郎衆議院議員は、若手のころは原子力政策の見直しを提言するなど、自民党本部の方針とは違う政策を公言していました。しかし、ひとたび経産相や行革担当相などの大臣職を歴任するようになると若手時代の言説を封印するようになり、結局は党の方針通りに動くようになってしまった。これは当然と言えば当然のことで、大臣になれば閣内不一致は許されませんし、採決の際にも党議拘束される仕組みがある以上は、いくら個人を選んでも意味がなくなってしまいます。

こうして考えると、やはり比例代表制を採用することで、人物本位よりも政策本位で投票先を選んでいくほうが合理的なのではないかと思います。

私は、衆参の選挙制度を完全比例代表制にして、政党交付金を廃止し、企業献金も全面禁止すれば、公費で採用されている政策秘書について現在の一名から二名以上に増やしてもよいと考えています。そうすれば、議員の調査・政策能力を高めることができるからです。

「べからず選挙法」はもうやめよう

選挙制度を変えることも大きな意味を持ちますが、私はそれとセットで、現在の公職選挙法を改正することを提案します。

今の公選法は選挙運動について、「あれもすべからず」「これもすべからず」という数々の規定で候補者をがんじがらめにする「べからず法」になっています。たとえば、イギリスやアメリカなどの先進国で認められている個別訪問が日本では禁止されていますし、選挙運動にしても、選挙が公示されて立候補の届出があってから投票までのわずか二週間ばかりの期間しか認められておらず、それ以前の運動(事前運動)については禁止しています。

なぜこのような厳しすぎる規定になっているかと言うと、現在の公選法は日本国憲法制定以前の、大日本帝国憲法時代の規定をそのまま継続しているからです。そこには、戦前の政府が脅威と見なしていた革新政党の台頭を避けるため、その選挙運動を妨害・抑制するという含意があります。

そんな時代錯誤の規定を現在まで引きずっていることで、選挙運動の幅が過度に限定され、結果として知名度のない新人候補者にとって不利な規定になってしまっています。また、政党に所属しているほうが無所属の候補者よりもビラやポスターの枚数、使える車両数や使える選挙費用なども優遇されていますから、ここでも既存勢力が有利になるような差別が生まれてしまっている。

もちろん、お金で民意を歪める買収などの行為は厳しく規制する必要があるのは言うまでもありません。しかし、日本国憲法は国民主権と普通選挙を採用し、表現・言論の自由も保障しているのですから、公選法も選挙運動の自由を保障するような法律であるべきです。そうでなければ、議会制民主主義とは言えません。

選挙運動を自由化して、知名度がなくても、組織のない個人でも立候補しやすいように法律改正することで、国民の選択肢を確保すべきではないでしょうか。同じ顔ぶれの国会議員たちが新党をつくっては壊すような「多様性」ではなく、永田町に新しい風が吹き込んでいくように発想を変えていく必要があると思います。

加えて、必ずしも裕福でない者でも立候補できるように、現行の供託金制度を廃止するか、残してもその金額を大幅に下げるべきであると考えています。衆参の各比例代表選挙に立候補するのに六〇〇万円もの大金を供託させるのは被選挙権の侵害です。

自民党は抜本的な政治改革をやる気なし

自民党は二〇二四年四月二三日に、政治資金規正法の改正に向けた独自の案をまとめました。報道によると、それは「再発防止に向けた最優先の制度改革」と「再発防止策以外の検討項目」の二つの要素で構成されており、このうち「再発防止に向けた最優先の制度改革」では、収支報告書が法律に基づいてつくられていることを確かめたことを示す「確認書」を作成することを議員本人に義務づけ、会計責任者が虚偽の記載や不記載で処罰された際に、議員が内容を確かめず「確認書」を作成していた場合は議員の公民権を停止し、収支報告書に不記載があった場合、記載していなかった収入を国に納付させるとしています。また、外部監査を強化し、議員の政治団体の支出だけでなく収入も対象に含めることや収支報告書のオンライン提出を義務づけることも盛り込んでいます。

一方、「再発防止策以外の検討項目」では、政党交付金の使いみちや政党から議員に支給される「政策活動費」の透明性のあり方、それに政治資金パーティー収入の透明性のあり方などについて各党と真摯に協議を行うとしています。

以上の案には、そもそも私が前述した裏金をなくす改革案が一つも含まれてはいません。政治資金パーティーも企業献金も全面禁止する気はないようです。政党から議員に支給される「政策活動費」名目の寄付も禁止するとは限らず他党との協議に委ねるというのですから、裏金づくりを温存し続けようとしていると思われても仕方ありません。

自民党の作業チームの座長を務める鈴木馨祐《けいすけ》元外務副大臣は記者団に対し「『知らない、秘書がやった』という言い訳はできなくなる。厳密な「連座制」ではないが「連座制」と言われるものには近いと思う」と述べたそうです。しかし、議員が「収支報告書が法律に基づいてつくられていることを確かめて確認書を書いた」と言えば会計責任者の責任にでき、公民権停止は免れることになりそうですから、「連座制」に近いとさえ言えるかどうかも怪しいでしょう。今の自民党に政治改革を抜本的に行う気があるとは到底思えません。

自民党は五月一七日に法案を単独で国会に提出しました。法案には改めてがっかりしました。

公明党の合意さえも得られず法案の成立は見込めないので、自民党は修正し、日本維新の会とも協議して再修正、再々修正しました。公明党と日本維新の会の合意を得て、六月五日衆議院の特別委員会で同法案は賛成多数で可決されました。

しかし、修正は微修正にすぎず、裏金づくりの防止案ではありません。政治資金パーティーも企業・団体献金も禁止されないままです。

政党が国会議員や地方議員ら「公職の候補者」に寄付することは禁止されましたが、「政策活動費」名目での「公職の候補者」への支出は、寄付としての支出ではないと言い張り、今後も禁止しないことにしました。ただし、国会議員の「公職の候補者」に限定して「一〇年後」にその領収書の写しを公表する(地方議員の使途等の公表はありません)というのですが、これでは「知る権利」を保障するものではありません。もともと使途を公表すると国民から批判を受ける違法または不適切な支出をしていたからこそ、従来「使途不明金」としてきたわけです。領収書も徴収できなかったとごまかし、結局、使途報告通りだったのか証明されない可能性が高いでしょう。たとえ真実の記載と正規の領収書の写しが添付され「一〇年後」に公表されたとしても、その間に政党の離合集散や、当時の会計責任者が交代したり、支出した議員が引退したりしている場合もあるので、説明責任が真摯に果たされる保証はどこにもありません。領収書の不提出や収支報告書の虚偽記入、あるいは違法寄付などが「一〇年後」に発見されても、すべて公訴時効が成立していて、結局、刑事告発できないということになります。

こんな法案が最終的に可決成立しても、批判し続けないといけません。私は諦めません。主権者のための真の政治改革が実現するまで私見を主張し続けます。

エピローグ

裏金事件の捜査はまだ終結させません

プロローグで紹介した自民党の派閥の政治団体が行った政治資金パーティーに関する政治資金規正法違反の事件は、私の見方では、三つに分けられます。

①派閥の政治団体の二〇万円超の政治資金パーティー収入明細の不記載事件

②派閥の政治団体の政治資金パーティー収入総額を政治資金収支報告書に過少記載して裏金をつくってプールしていた事件

③派閥の政治団体の政治資金パーティー収入総額を政治資金収支報告書に過少記載して、不記載した収入額の一部を所属の議員側にキックバックして、または中抜きを許容して寄付していた事件

表19　5派閥の政治団体の20万円超の政治資金パーティー収入明細の不記載額(金額は告発時のもの，単位：万円)

政治団体名	2018〜20年	〜20年追加	2021年	21年150万円超	22年150万円超	18〜22年追加	総計
清和政策研究会	1946	—	—	6	—	1338	3290
志帥会	468	80	206	220	194	408	1576
平成研究会	526	—	94	—	—	218	838
志公会	340	70	—	—	180	318	908
宏池政策研究会	212	—	—	—	—	90	302
合　計	3492	150	300	226	374	2372	6914

私が二〇二三年一一月以降、二〇二四年一月まで継続して行ってきた刑事告発は、前記①の二〇万円超の政治資金パーティー収入明細の不記載事件でした(**表19**)。政治資金規正法はザル法ですが、そのザル法に違反していたのです。

裏金をつくっていた派閥の政治団体とキックバックを受けていた自民党議員の選挙区支部または資金管理団体の直近三年分の各収支報告書の訂正が行われたのは、一人先んじて訂正した池田佳隆衆議院議員の場合を除けば、二〇二四年一月中旬以降です。この訂正で裏金の金額が具体的に確認できたので、私は、やっと前記②の裏金プールと前記③の裏金キックバック・中抜きの各事件の告発をスタートできました。

「平成研究会」(茂木派)の二八〇万円の裏金プール

表20　4派閥政治資金パーティー総売上額・繰越額収支報告書過少記載事件（裏金プール事件）

政治団体	年	パーティー収入過少記載額（円）	不記載の繰越（裏金プール）額（円）	告発状発送日
平成研究会	2021	2万	2万	2024年1月28日
	2022	278万	**280万**	
宏池政策研究会	～2019	1605万	1605万	2024年1月28日
	2020	896万	2501万	
	2021	—	2501万	
	2022	—	**2501万**	
志帥会	2020	9280万	**1億4118万2445**	2024年1月21日
	2021	1970万2417	**1億3244万4862**	
	2022	2363万8692	**1億4837万3554**	
清和政策研究会	2020	**1億6121万**	319万　212	今後告発する予定
	2021	**1億7185万**	1409万　212	
	2022	**1億　282万**	839万　212	

（前記②）、「宏池政策研究会」（岸田派）の二五〇一万円の裏金プール（前記②）、「志帥会」（二階派）の一億三二四四万円超〜一億四八三七万円超の裏金プール及び九六四万円超〜三〇四五万円超のキックバックの各不記載（前記②と前記③）を、それぞれ東京地検に告発しました（**表20**、**表21**）。

　東京地検特捜部は私の裏金告発の直前に、前記②と前記③の裏金事件で「清和政策研究会」（細田・安倍派）の事務職員と一部の国会議員（大野泰正参議院議員、谷川弥一衆議院議員、池田佳隆衆議院議員）だけを、前記②と前記③の裏金事件で「志帥会」の事務職員と二階俊博衆議院議員

表21　2派閥の政治資金パーティー販売ノルマ超過分キックバック等授受各不記載事件

<table>
<tr><th>政治団体</th><th>年</th><th colspan="2">不記載のキックバック・中抜き(円)</th><th>告発日</th></tr>
<tr><td rowspan="4">清和政策研究会</td><td>〜2019</td><td>1618万</td><td rowspan="4">「池田黎明会」(池田佳隆衆議院議員)最下段の「清和政策研究会」の金額には池田議員分を含む</td><td rowspan="4">2024年1月9日</td></tr>
<tr><td>2020</td><td>1378万</td></tr>
<tr><td>2021</td><td>1330万</td></tr>
<tr><td>2022</td><td>500万</td></tr>
<tr><td rowspan="3">志帥会</td><td>2020</td><td>2424万</td><td>6政治団体(二階俊博，林幹雄，武田良太，平沢勝栄，福井照，宮内秀樹)</td><td rowspan="3">2024年1月21日※</td></tr>
<tr><td>2021</td><td>3045万</td><td>6政治団体(二階俊博，林幹雄，武田良太，平沢勝栄，福井照，宮内秀樹)</td></tr>
<tr><td>2022</td><td>964万</td><td>5政治団体(二階俊博，林幹雄，武田良太，宮内秀樹，衛藤晟一)</td></tr>
<tr><td rowspan="3">清和政策研究会</td><td>2020</td><td>1億5877万</td><td>少なくとも83政治団体</td><td rowspan="3">順次告発予定(一部告発済・後掲)</td></tr>
<tr><td>2021</td><td>1億6095万</td><td>少なくとも69政治団体</td></tr>
<tr><td>2022</td><td>1億　770万</td><td>67政治団体</td></tr>
</table>

※志帥会の2019年分は2024年5月15日に告発

の秘書だけを、前記②の裏金事件で「宏池政策研究会」の事務職員だけを、それぞれ起訴しました。報道機関は裏金事件の捜査終結を報じましたが、私は、前記②と前記③の裏金事件で「清和政策研究会」の幹部とキックバックを受けた国会議員らの刑事告発を、まだ終えていないのです。三月から前記③の裏金事件で「清和政策研究会」所属の国会議員らの刑事告発を開始し、今も告発状を書いています(**表22**)。報道機関は私の刑事告発を大きく報道しませんが、今後も告発状を書き続ける予定です。

以上、私が刑事告発した裏金キックバック事件のうち、二〇一八年分の不記載を告発した世耕弘成議員らと萩生田光一議員らについて東京地検特捜部は五月二日に不起訴にしました。議員本人を含め「嫌疑不十分」がその理由ですが、世耕議員の資金管理団体の会計責任者と萩生田議員の秘書の不起訴理由は「起訴猶予」でした。「起訴猶予」は証拠があり犯罪が成立しているのに、あえて起訴しなかったことを意味しています。私は東京検察審査会に「嫌疑不十分」だった議員を含む全員の「起訴相当」議決を求めて、それぞれ五月一五日と二二日に審査申立てをしました。

裏金事件は、まだまだ終結させません。

表 22 「清和政策研究会」のキックバック・中抜き等受領不記載等の告発(池田佳隆以外)

被告発人	犯罪名等	告発状送付日
今村洋史ら 3 名	「黎明の会」**収支報告書不提出罪**(政治資金規正法違反)	2024 年 3 月 11 日
世耕弘成ら 3 名	「紀成会」収支報告書不記載・虚偽記入罪(政治資金規正法違反),**クッキー缶違法寄付(公職選挙法違反)**	2024 年 3 月 15 日
萩生田光一ら 4 名	「自由民主党東京都第二十四選挙区支部」収支報告書不記載・虚偽記入罪(政治資金規正法違反)	2024 年 3 月 22 日
三ツ**林裕巳**ら 3 名	「新日本情勢調査会」収支報告書不記載・虚偽記入罪(政治資金規正法違反)	2024 年 3 月 25 日
丸川珠代ら(「清和政策研究会」側も)	**中抜き違法寄付供与・受領罪**(政治資金規正法違反) 派閥側の収支報告書不記載罪(同) 派閥側の訂正=収支報告書虚偽記入罪(同)	2024 年 3 月 28 日
	「自由民主党東京都参議院選挙区第 4 支部」の訂正=収支報告書虚偽記入罪(政治資金規正法違反)	2024 年 4 月 11 日
山谷えり子ら 3 名	「21 世紀の会」収支報告書不記載・虚偽記入罪(政治資金規正法違反)	2024 年 4 月 15 日
杉田水脈ら 5 名	「杉田水脈なでしこの会」収支報告書不記載・虚偽記入罪(政治資金規正法違反)	2024 年 4 月 21 日
堀井学ら 4 名	「ともに歩き学ぶ会」収支報告書不記載・虚偽記入罪(政治資金規正法違反)	2024 年 5 月 1 日

※今村らは名古屋地検に,他は東京地検に告発.丸川は元検事の郷原信郎弁護士と一緒に告発

金権政治を根本的に変えるのは国民の怒りの継続

自民党の派閥の各政治団体による裏金事件はキックバックを受けた個々の議員の脱税事件ではないかとみる意見もあります。それゆえ国民の怒りは消えそうにありません。東京地検特捜部の捜査と処分も腰砕けでしたし、派閥の役員らは説明責任を十分に果たしてはおらず、キックバックを受けた議員の側の収支報告書の訂正もいい加減なものでした。そのうえ、自民党の党内処分も生ぬるく不十分でしたから、岸田文雄内閣の支持率の低下を招いているほか、岸田自民党にとっても大きなダメージになっているようです。四月二八日に投開票された衆議院の三つ(東京・島根・長崎)の補欠選挙では、いずれも立憲野党共闘候補が当選しました。

裏金事件に対する国民の怒りが今後も継続するようだと、今後の国会論議、二〇二五年までに行われる次期衆議院総選挙、二〇二五年夏に予定の参議院通常選挙の結果に多大な影響を及ぼす可能性が相当高く、日本の政治が大転換することになりそうです。

しかし、国民が怒りを忘れ、政治を本質的に変えることを諦めてしまったら、金権政治は続きます。果たして国民の怒りは今後も続いて日本の政治を大きく変えることになるのか、注目したいと思います。

今後、政権交代が起きたとしても、それだけでは不十分です。これまでの自民党の金権政治を正常な政治に変えるためには、金権政党・政治家のためのマヤカシの「改革もどき」ではなく、主権者である国民のための抜本的な政治改革、議会制民主主義に相応しい政治改革がどうしても必要です。そのためには、それを求める国民の声が不可欠です。本書がそのための一助になることを願っています。

ところで、私が自民党の派閥の政治団体による政治資金パーティー事件を二年連続で年末年始の期間に告発状を書いて告発したことを講演で話すと、その執念のような思いはどこから湧き出てくるのか、と質問を受けました。私の答えの一つは、すでに説明したように、政権の暴走を止めたいからです。日本国憲法は議会制民主主義の立場なのに、現行の法律で定める選挙制度や政治資金制度について定めている諸法律が議会制民主主義に反しているので、政権・与党は簡単に暴走できるとみなしてきましたし、現に暴走してきました。私は、それを見て見ぬふりはできないので、権力者の暴走が現れる「政治とカネ」事件で刑事告発を粘り強く続けているのです。

もう一つの答えとしては、日々、屋内、屋外で、市民運動や憲法運動をされている皆さんの言動をみて「自分もやれることをやろう」と思うからです。大学の仕事もあり、市民運動や憲法運動に参加する時間には制約がある一方、私であれば告発状が書けます。役割分担のようなものでで、デモ・パレードや署名活動、宣伝活動になかなか携われない私は、その代わり告発状を書いているだけなのです。怒りながらも冷静に告発を続けているのです。今日も明日も明後日も。

参考文献

私は出版の機会に恵まれ、二〇一〇年から市民向けの書籍を執筆してきました。そのうち、二〇一四年以降の単著・共著は、本書にとっての参考文献でもあります。「政治とカネ」について理解を深めていくために参考にしていただけると幸いです。

〈単著〉

『どう思う？　地方議員削減——憲法と民意が生きる地方自治のために』日本機関紙出版センター、二〇一四年
『誰も言わない政党助成金の闇——「政治とカネ」の本質に迫る』日本機関紙出版センター、二〇一四年
『財界主権国家・ニッポン——買収政治の構図に迫る』日本機関紙出版センター、二〇一四年
『告発！　政治とカネ——政党助成金二〇年、腐敗の深層』かもがわ出版、二〇一五年
『追及！　民主主義の蹂躙者たち——戦争法廃止と立憲主義復活のために』日本機関紙出版センター、二〇一六年
『追及！　安倍自民党・内閣と小池都知事の「政治とカネ」疑惑』日本機関紙出版センター、二〇一六年
『ここまできた小選挙区制の弊害——アベ「独裁」政権誕生の元凶を廃止しよう！』あけび書房、二〇一八

年
『内閣官房長官の裏金――機密費の扉をこじ開けた四一八三日の闘い』日本機関紙出版センター、二〇一八年
『政党助成金、まだ続けますか？――安倍自民党本部主導選挙・河井議員夫妻「一億五千万円買収事件」から』日本機関紙出版センター、二〇二一年
『日本維新の会の「政治とカネ」――「身を切る改革」の正体を暴く』日本機関紙出版センター、二〇二二年
『なぜ「政治とカネ」を告発し続けるのか――議会制民主主義の実現を求めて』日本機関紙出版センター、二〇二三年

〈共著〉

河井疑惑をただす会・上脇博之『だまっとれん――河井疑惑 まだ終わっていない』日本機関紙出版センター、二〇二一年

あとがき

本書は、私のこれまでの憲法学の理論的研究と刑事告発など市民運動のそれぞれの成果を総合的にまとめた一冊です。私は、本書を一人でも多くの方々に読んでいただくことで国民が日本の政治を本質的に変えるきっかけになる、そんな一冊であると自負しています。

本書が書店に並ぶ頃には、私は六六歳になっていることでしょう。偶然ですが、六月六日に、このあとがきを書いています。裏金づくりを今後も続けようとする自民党・公明党・日本維新の会が合意した政治資金規正法改正の最終案の内容を確認したからです。私は親父ギャグが大得意なのですが、本書ではその才能を発揮することなく、ひたすら日本に議会制民主主義が確立することを求めて執筆しました。是非とも多くの皆様に手に取っていただきたいと思います。

本書を出版した後も、自民党派閥の裏金をキックバックされていた国会議員らを政治資金規正法違反の罪で刑事告発するために、私は告発状を作成して東京地検に郵送し続けます。それ以外の「政治とカネ」問題を調査し発見した報道機関に求められれば今後もコメントしますし、違法な「政治とカネ」事件が報道されれば、証拠を収集して刑事告発します。地検が不起訴にしても検察審査会に「起訴相当」議決を求めて審査申立てします。私は諦めません。皆さんに、そう誓います。

本書の出版にあたっては、岩波書店の伊藤耕太郎さんと中山永基さんにお世話になりました。伊藤さんにはプロローグで紹介した『世界』の寄稿についてお誘いを受け、本書を出版する機会をつくっていただきました。編集過程では中山さんにお世話になりました。私の左眼は視力が低下し、文字が歪んで見えるようになり、数年前に黄斑変性症と診断されました。月に一回しか打てない注射治療を受け続けてきましたが、その後、この効果がみられなくなり、一年ほど前から注射治療を中断しています。文才に欠ける私の執筆した本書が読み易い文章になっているのは、中山さんの丁寧な編集のおかげです。また、原稿作成については小泉耕平さんにもお世話になりました。

伊藤さんと中山さん、小泉さんの三人には、厚くお礼申し上げます。ありがとうございました。

二〇二四年六月六日

上脇博之

上脇博之

1958年，鹿児島県生まれ．関西大学法学部卒業，神戸大学大学院法学研究科博士課程後期課程単位取得．

専攻ー憲法学．

現在ー神戸学院大学法学部教授．市民団体「政治資金オンブズマン」代表，公益財団法人「政治資金センター」理事も務める．

著書ー『政党国家論と憲法学』(信山社)，『政党助成法の憲法問題』(日本評論社)，『日本維新の会の「政治とカネ」──「身を切る改革」の正体を暴く』『なぜ「政治とカネ」を告発し続けるのか──議会制民主主義の実現を求めて』(ともに日本機関紙出版センター) など多数．

検証　政治とカネ　　岩波新書(新赤版)2021

2024年7月19日　第1刷発行
2024年9月25日　第2刷発行

著　者　上脇博之《かみわきひろし》

発行者　坂本政謙

発行所　株式会社 岩波書店
〒101-8002 東京都千代田区一ツ橋 2-5-5
案内 03-5210-4000　営業部 03-5210-4111
https://www.iwanami.co.jp/

新書編集部 03-5210-4054
https://www.iwanami.co.jp/sin/

印刷・三陽社　カバー・半七印刷　製本・中永製本

ISBN 978-4-00-432021-0　Printed in Japan

岩波新書新赤版一〇〇〇点に際して

ひとつの時代が終わったと言われて久しい。だが、その先にいかなる時代を展望するのか、私たちはその輪郭すら描きえていない。二〇世紀から持ち越した課題の多くは、未だ解決の緒を見つけることのできないままであり、二一世紀が新たに招きよせた問題も少なくない。グローバル資本主義の浸透、憎悪の連鎖、暴力の応酬——世界は混沌として深い不安の只中にある。

現代社会においては変化が常態となり、速さと新しさに絶対的な価値が与えられた。消費社会の深化と情報技術の革命は、種々の境界を無くし、人々の生活やコミュニケーションの様式を根底から変容させてきた。ライフスタイルは多様化し、一面では個人の生き方をそれぞれが選びとる時代が始まっている。同時に、新たな格差が生まれ、様々な次元での亀裂や分断が深まっている。社会や歴史に対する意識が揺らぎ、普遍的な理念に対する根本的な懐疑や、現実を変えることへの無力感がひそかに根を張りつつある。そして生きることに誰もが困難を覚える時代が到来している。

しかし、日常生活のそれぞれの場で、自由と民主主義を獲得し実践することを通じて、私たち自身がそうした閉塞を乗り超え、希望の時代の幕開けを告げてゆくことは不可能ではあるまい。そのために、いま求められていること——それは、個と個の間で開かれた対話を積み重ねながら、人間らしく生きることの条件について一人ひとりが粘り強く思考することではないか。その営みの糧となるものが、教養に外ならないと私たちは考える。歴史とは何か、よく生きるとはいかなることか、世界そして人間はどこへ向かうべきなのか——こうした根源的な問いとの格闘が、文化と知の厚みを作り出し、個人と社会を支える基盤としての教養となった。まさにそのような教養への道案内こそ、岩波新書が創刊以来、追求してきたことである。

岩波新書は、日中戦争下の一九三八年一一月に赤版として創刊された。創刊の辞は、道義の精神に則らない日本の行動を憂慮し、批判的精神と良心的行動の欠如を戒めつつ、現代人の現代的教養を刊行の目的とする、と謳っている。以後、青版、黄版、新赤版と装いを改めながら、合計二五〇〇点余りを世に問うてきた。そして、いままた新赤版が一〇〇〇点を迎えたのを機に、人間の理性と良心への信頼を再確認し、それに裏打ちされた文化を培っていく決意を込めて、新しい装丁のもとに再出発したいと思う。一冊一冊から吹き出す新風が一人でも多くの読者の許に届くこと、そして希望ある時代への想像力を豊かにかき立てることを切に願う。

（二〇〇六年四月）

政治

- 検証 政治とカネ　上脇博之
- ケアの倫理　岡野八代
- さらば、男性政治　三浦まり
- 日米地位協定の現場を行く　山本章子／宮城裕也
- 職業としての官僚　嶋田博子
- 学問と政治　学術会議任命拒否問題とは何か　芦名定道／宇野重規／岡田正則／小沢隆一／加藤陽子／松宮孝明
- 検証 政治改革　なぜ劣化を招いたのか　川上高志
- 政治責任　民主主義とのつき合い方　鵜飼健史
- 人権と国家　筒井清輝
- 「オピニオン」の政治思想史　堤林剣／堤林恵
- 戦後政治史〔第四版〕　石川真澄／山口二郎
- 尊厳　マイケル・ローゼン／内尾太一／峯陽一 訳
- デモクラシーの整理法　空井護
- 地方の論理　小磯修二
- SDGs　南博／稲場雅紀
- 暴君　スティーブン・グリーンブラット／河合祥一郎 訳
- ドキュメント 強権の経済政策　軽部謙介
- リベラル・デモクラシーの現在　樋口陽一
- 民主主義は終わるのか　山口二郎
- 女性のいない民主主義　前田健太郎
- 平成の終焉　原武史
- 日米安保体制史　吉次公介
- 官僚たちのアベノミクス　軽部謙介
- 在日米軍　変貌する日米安保体制　梅林宏道
- 矢内原忠雄　戦争と知識人の使命　赤江達也
- 憲法改正とは何だろうか　高見勝利
- 共生保障〈支え合い〉の戦略　宮本太郎
- シルバー・デモクラシー　戦後世代の覚悟と責任◆　寺島実郎
- 憲法と政治　青井未帆
- 18歳からの民主主義◆　岩波新書編集部編
- 検証 安倍イズム　柿崎明二
- 右傾化する日本政治　中野晃一
- 外交ドキュメント 歴史認識◆　服部龍二
- 日米〈核〉同盟　原爆、核の傘、フクシマ　太田昌克
- 集団的自衛権と安全保障　豊下楢彦／古関彰一
- 日本は戦争をするのか　半田滋
- アジア力の世紀　進藤榮一
- 民族紛争　月村太郎
- 政治的思考　杉田敦
- 現代日本の政党デモクラシー　中北浩爾
- サイバー時代の戦争◆　谷口長世
- 現代中国の政治◆　唐亮
- 政権交代とは何だったのか◆　山口二郎
- 日本の国会　大山礼子
- 戦後政治史〔第三版〕　石川真澄／山口二郎
- 〈私〉時代のデモクラシー　宇野重規

岩波新書/最新刊から

2023 **表現の自由**
「政治的中立性」を問う
市川正人著
本書は、「政治的中立性」という曖昧な概念を理由に人々の表現活動を制限することの危険性を説くものである。

2024 **戦争ミュージアム**
―記憶の回路をつなぐ―
梯久美子著
戦争の記録と記憶を継ぐ各地の平和のための博物館を訪ね、土地の歴史を探り、人びとの語りを伝える。いまと地続きの過去への旅。

2025 **記憶の深層**
―〈ひらめき〉はどこから来るのか―
高橋雅延著
記憶のしくみを深く知り、上手に活かせば答えはひらめく。科学的エビデンスにもとづく記憶法と学習法のヒントを伝授する。

2026 **あいまいさに耐える**
―ネガティブ・リテラシーのすすめ―
佐藤卓己著
二〇一〇年代以降の情動社会化を回顧し、ファスト政治ではない、輿論主義(デモクラシー)のための「消極的な読み書き能力」を説く。

2027 **サステナビリティの経済哲学**
松島斉著
宇沢弘文を継ぐゲーム理論と情報の経済学の大家が「新しい資本主義」と「新しい社会主義」というシステム構想を披露する。

2028 **介護格差**
結城康博著
介護は突然やってくる！　いざというときに困らないために何が鍵となるのか。迫りくる「2025年問題」の全課題をわかり易く説く。

2029 **新自由主義と教育改革**
大阪から問う
髙田一宏著
競争原理や成果主義による新自由主義の教育改革。国内外で見直しも進むなか、勢いを増す維新の改革は何をもたらしているのか。

2030 **朝鮮民衆の社会史**
―現代韓国の源流を探る―
趙景達著
歴史の基底には多様な信仰、祭礼、文化が根づいている。日常と抗争のはざまを生きる力弱い人々が社会を動かしていく道程を描く。

(2024.9)